荆楚名师

荆楚名师系列丛书

居家运动课堂100例

（配视频资源）

顾　静◎主编

长江出版传媒 | 湖北教育出版社

《居家运动课堂100例》编写委员会

主　编　顾　静

副主编　邵　鹏　余　斌

委　员　田丽玲　刘艺涛　秦伟航　李　哲　喻方圆

　　　　周莉莉　黄艳武　刘红林　王　浩

序言

体育是提高人民健康水平的重要途径，是满足人民群众对美好生活向往、促进人的全面发展的重要手段。2019年习近平总书记在教育文化卫生体育领域专家代表座谈会中讲道：“要坚持健康第一的教育理念，加强学校体育工作，推动青少年文化学习和体育锻炼协调发展，帮助学生在体育锻炼中享受乐趣、增强体质、健全人格、锻炼意志。”2020年突如其来的新冠疫情，恍如昨日。亲历疫情，让我们重新审视健康的重要；居家隔离，让我们无限渴望情感的交流。在那段特殊的日子里，体育停课不停学，客厅成为锻炼“阵地”，家人成为亲密“队友”，“居家运动课堂”以其“不外出”“无接触”“可复看”“促交流”“增亲情”的特点，得到广泛传播。随着课堂视频的推广和普及，空中运动课堂不仅需要线上的坚持参与，更需要与之配套的科学合理的指导用书，让练习者掌握科学的锻炼知识、方法和技巧，《居家运动课堂100例》锻炼指导用书因此应运而生。

《居家运动课堂100例》以“亲子情趣—运动知识与技能—社会适应”三个维度作为内核，以学生健康发展为本，以发展同学们的身体素质、促进亲子和谐为主要目的，以家庭组合式运动菜单进行编排设计。课堂设计精巧而简短、丰富而有效，涵盖了徒手、器械、操类、球类等精彩内容，包括了个人、多人、速度、力量、灵敏、柔韧等锻炼形式，突出了“精、简、易、趣、效”的运动特色，具有较强的使用价值。

《居家运动课堂100例》锻炼指导用书以“居家运动课堂”实践部分为脚本，按照课时设计成文字书稿，每一课时均包含学练目标、健康加油站、练习方法、拓展与提示四部分。全书图文并茂，语言生动简洁，通俗易懂。练习者在阅读时，可通过扫描书中的二维码，学习示范视频，提高直观性、理解力，从而助力学练的实效性指导。每一课时的练习均结合FITT运动的黄金原则，即运动频率、强度、时间和类型四方面，对练习者如何科学安全地锻炼进行了指导和知识普及。值得一提的是，本指导用书创新地增设了运动课堂练习思维导图内容，思维导图工具的引入不仅有利于练习者对本课练习的关键词、内容和方法迅速建立记忆链接，也能够激发阅读兴趣。空中运动课堂突破了传统体育教育的封闭，拓宽了体育教育的空间，缩短了疫情期间亲子的心理距离。让学生的体魄在亲子的活动情绪中淬炼成钢，让学生的学习能力在智趣的活动中振翼跃升，让亲子的关系在多元的运动中和谐健康。

体育即生活，场地居家化、器材生活化、动作实用化、参与简单化，《居家运动课堂100例》锻炼指导用书是特殊时期体育教师直面困难与挑战的智慧结晶，它能为中小学生居家锻炼提供科学的理论支撑和有效指导，希望练习者根据自身需求，合理选择、科学练习。

祝贺顾静老师的《居家运动课堂100例》锻炼指导用书出版。

于素梅

辛丑年春于北京

目 录 —— CONTENTS

扫码看配套教学视频

小学居家亲子运动课堂

小学居家个人运动课堂

中学居家亲子运动课堂

中学居家个人运动课堂

小学居家亲子运动课堂

热爱体育　享受乐趣　个性成长

锻炼中绽放生命的光彩

第1课　速度和力量游戏

学练目标

通过各种趣味游戏，提高孩子反应能力，增强核心力量，感受运动乐趣和魅力，形成规则意识，营造良好的家庭锻炼氛围。

健康加油站

孩子们，反应能力训练不仅能够增强动作协调性，促进大脑发育，还可以提高我们躲避危险的能力哟！

居家运动课堂

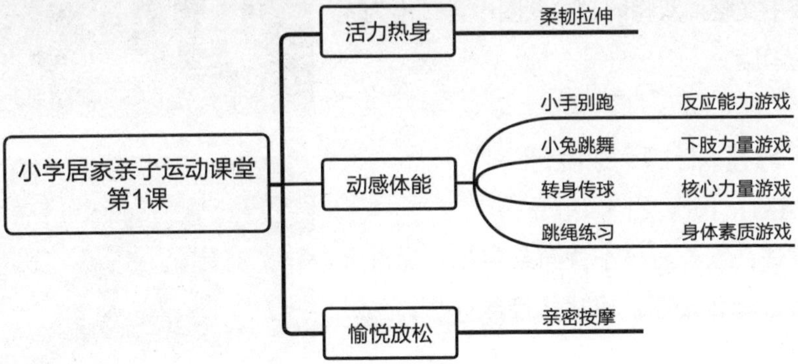

活力热身

1. 练习名称：柔韧拉伸

时间/组数：2个8拍/组×2组

练习方法：家长和孩子每人手持一根跳绳，两臂伸直，进行肩部及腰腹部拉伸练习。

动感体能

2. 练习名称：小手别跑

时间/组数：10次/组×6组

练习方法：家长与孩子相对站立，家长随机晃动手掌，孩子对掌成功为完成1次练习。

3. 练习名称：小兔跳舞

时间/组数：30次/组×5组

练习方法：地面设置一个直径为0.5米的圆圈，双手叉腰，双脚同时跳入圈中再跳出为完成1次练习。

4. 练习名称：转身传球

时间/组数：10次/组×4组

练习方法：家长与孩子背向悬腿坐，通过上体扭转进行传接球，成功传接球1次为完成1次练习。

5. 练习名称：跳绳练习

时间/组数： 1分钟/组×3组

练习方法： 双手握绳，两臂自然弯曲，将绳置于体后，向前摇绳。跳绳时上下肢协调配合，用力连贯。注意前脚掌着地。

愉悦放松

6. 练习名称：亲密按摩

时间/组数： 3～5分钟

练习方法： 家长和孩子盘膝同向而坐，轻轻拍打前面人的肩部和手臂，进行放松，然后变换方向继续进行。

拓展与提示

孩子们，一起来玩一个反应游戏吧！取一张卡纸，剪成20厘米长、5厘米宽的大小。让家长竖着握住卡片的上方，你把手放在卡片底部。当家长在毫无预示的情况下突然松开卡片，卡片坠落时，你要用最快的速度抓住它。快来试一试吧！

第2课 速度和灵敏游戏（一）

学练目标

通过反应和灵敏趣味练习，让孩子能掌握四种简单趣味的身体素质练习方法，了解运动后补水注意事项，体会居家亲子运动带来的健康和乐趣，打下良好的身体基础。

健康加油站

孩子们，人在运动后，身体大量出汗，会流失很多的水分和电解质。运动后补水以白开水和淡盐水为宜，不要喝生水和过多的运动饮料。

居家运动课堂

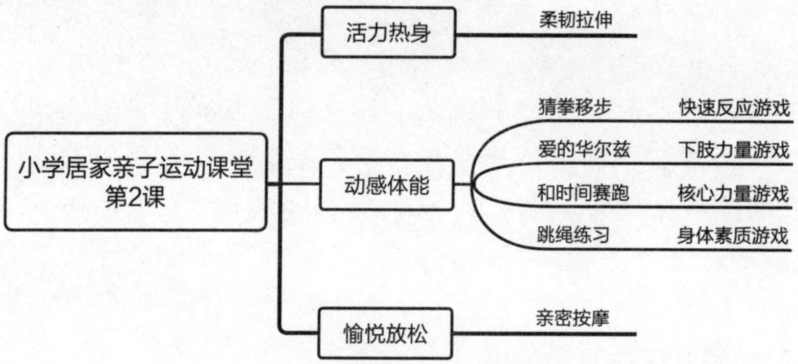

活力热身

1. 练习名称：柔韧拉伸

时间/组数：2个8拍/组×2组

练习方法：家长和孩子每人手持一根跳绳，两臂伸直，进行肩部及腰腹部拉伸练习。

动感体能

2. 练习名称：猜拳移步

时间/组数：1轮/组×5组

练习方法：两人面对面站立，进行“石头剪刀布”，赢的一方单脚往前移动一大步，输的一方则单脚后退一小步，率先做成纵叉姿势的一方为胜。

3. 练习名称：爱的华尔兹

时间/组数：30秒/组×4组

练习方法：两人手牵手，进行异侧脚交换跳，练习中注意节奏一致。

4. 练习名称：和时间赛跑

时间/组数：15秒/组×4组

练习方法：在地上设置一个圆圈，两人呈俯撑姿势，双脚置于圈中，脚掌相对，令响后用手移动身体进行追逐比赛。

5. 练习名称：跳绳练习

时间/组数：1分钟/组×2～3组

练习方法：双手握绳，两臂自然弯曲，将绳置于体后，向前摇绳。跳绳时上下肢协调配合，用力连贯。注意前脚掌着地。

愉悦放松

6. 练习名称：亲密按摩

时间/组数：3～5分钟

练习方法：家长和孩子盘膝同向而坐，轻轻拍打前面人的肩部和手臂，进行放松，然后变换方向继续进行。

拓展与提示

孩子们，“爱的华尔兹”与“和时间赛跑”两个亲子游戏运动强度较大，运动后可缓慢走动调整呼吸，不要立即坐下休息，待心跳、呼吸恢复正常后再休息。运动后补水要少量多次，切勿大量摄入水分，否则会加重心脏和肠胃的负担。

第3课　速度和灵敏游戏（二）

学练目标

通过各种练习，让孩子能掌握灵敏和反应素质练习的基本知识和方法，享受居家运动所带来的快乐，并逐渐学会如何在家为自己安排体育活动。

健康加油站

孩子们，睡觉是人体最重要的休息方式，那么睡多久最好呢？成年人是7到8小时，而7到12岁的儿童睡眠时间最好达到10个小时，你的睡眠时间达标了吗？

居家运动课堂

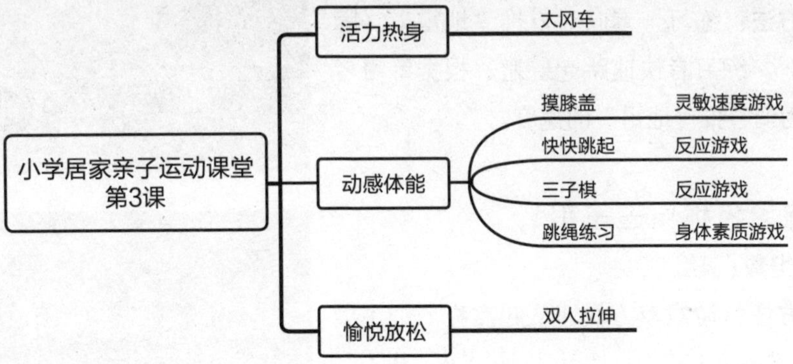

活力热身

1. 练习名称：大风车

时间/组数：1分钟/组×4组

练习方法：手持标志盘从左腿胯下绕过，再从右腿胯下绕过，依次进行。熟练者可跳跃进行。

动感体能

2. 练习名称：摸膝盖

时间/组数：1分钟/组×5组

练习方法：双方降低重心，比一比谁先摸到对方的膝盖。

3. 练习名称：快快跳起

时间/组数：15次/组×5组

练习方法：练习一方向对方推“地雷”（障碍物），练习者快速跳起躲避。根据练习者的能力调整推“地雷”的速度。

4. 练习名称：三子棋

时间/组数：4组

练习方法：游戏双方快速从起点将一个“棋子”摆放在九宫格内，然后返回起点拿“棋子”接着摆放。比一比谁先摆成连着的三子棋。

5. 练习名称：跳绳练习

时间/组数：1分钟/组×3～5组

练习方法：双手握绳，两臂自然弯曲，将绳置于体后，向前摇绳。跳绳时上下肢协调配合，用力连贯。注意前脚掌着地。

愉悦放松

6. 练习名称：双人拉伸

时间/组数：3分钟

练习方法：两人相向坐地，双腿伸直，进行合作拉伸练习。

拓展与提示

孩子们，在剧烈运动时和运动后不要大量喝水，那样不仅影响我们呼吸，而且还会伤害到我们的胃和心脏哟！

第4课 速度和协调游戏（一）

学练目标

通过灵敏及腰腹力量练习，让孩子掌握徒手和运用器材进行身体素质练习的方法，体会居家亲子运动带来的健康和乐趣，做到劳逸结合，缓解身体疲劳和紧张的心理状态。

健康加油站

孩子们，你们知道吗？身边很多常见的物品都可以变成运动器材！比如说，矿泉水瓶可以作为增强力量的器材。你还能发掘更多的运动器材吗？

居家运动课堂

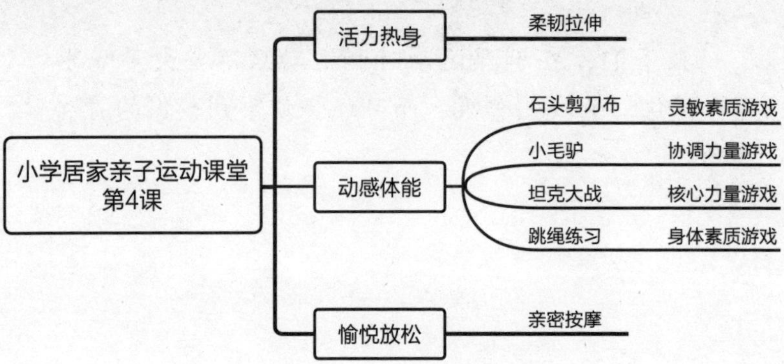

活力热身

1. 练习名称：柔韧拉伸

时间/组数：2个8拍/组×2组

练习方法：家长和孩子每人手持一根跳绳，两臂伸直，进行肩部及腰腹部拉伸练习。

动感体能

2. 练习名称：石头剪刀布

时间/组数：10次/组×4组

练习方法：用下肢做“石头”“剪刀”“布”的动作，进行比赛。双脚并拢为“石头”，双腿前后分开为“剪刀”，双腿左右分开为“布”。

3. 练习名称：小毛驴

时间/组数：10次/组×5组

练习方法：双膝夹住垫子（玩偶、书本均可）做向前并腿跳动作，距离长短视场地和自身情况而定。

4. 练习名称：坦克大战

时间/组数：3次/组×3组

练习方法：双膝跪在垫子上，双手抓住垫子上端，全身协调用力，跪跳向前。

5. 练习名称：跳绳练习

时间/组数：1分钟/组×3～5组

练习方法：双手握绳，两臂自然弯曲，将绳置于体后，向前摇绳。跳绳时上下肢协调配合，用力连贯。注意前脚掌着地。

愉悦放松

6. 练习名称：亲密按摩

时间/组数：3～5分钟

练习方法：家长和孩子盘膝同向而坐，轻轻拍打前面人的肩部和手臂，进行放松，然后变换方向继续进行。

拓展与提示

孩子们，你们知道为什么经常玩电子游戏机的同学更易损伤视力吗？因为，显像管辐射出的X射线会大量消耗视网膜中的视紫质，会使视力明显减退，所以要尽量减少与电视、电脑、游戏机等电子设备的接触。

第5课　速度和协调游戏（二）

学练目标

通过各种趣味练习，增强孩子的灵敏性和协调性，让孩子感知体育源于生活，又高于生活，最后还应用于生活。提高孩子的思维能力、创造能力，培养合作能力。

健康加油站

孩子们，最新的研究表明，长时间躺在床上，不利于背部肌肉的健康，还会导致背痛，最好的方法就是经常运动、少赖床哟！

居家运动课堂

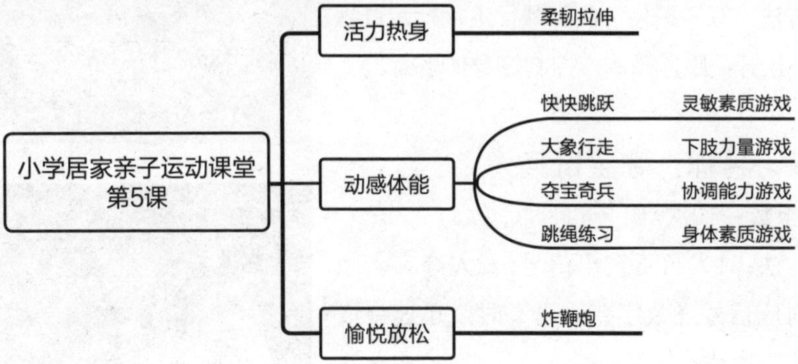

活力热身

1. 练习名称：柔韧拉伸

时间/组数：2个8拍/组×2组

练习方法：家长和孩子每人手持一根跳绳，两臂伸直，进行肩部及腰腹部拉伸练习。

动感体能

2. 练习名称：快快跳跃

时间/组数：20次/组×5组

练习方法：家长与孩子相对站立，家长蹲下，左右摇动横杆，当横杆快到孩子脚下时，孩子迅速跳起。

3. 练习名称：大象行走

时间/组数：30秒/组×5组

练习方法：双手握住一侧脚踝行走，行走过程中手不松开，膝盖微屈，控制好身体平衡。

4. 练习名称：夺宝奇兵

时间/组数：10次/组×4组

练习方法：1人负责发出信号，2人夺宝。当听到对应信号（数字或词语）时，迅速夺取凳子上的物品。

5. 练习名称：跳绳练习

时间/组数：1分钟/组×3～5组

练习方法：双手握绳，两臂自然弯曲，将绳置于体后，向前摇绳。跳绳时上下肢协调配合，用力连贯。注意前脚掌着地。

愉悦放松

6. 练习名称：炸鞭炮

时间/组数：3～5分钟

练习方法：家长和孩子仰撑坐在地上，用一侧脚背拍打异侧小腿部位，1分钟后交换脚练习。

拓展与提示

孩子们，你们知道吗？微笑的时候，人的心情可以得到放松，与他人交流时也会让他人感到放松，还可以保持身心的健康，所以要记得随时保持微笑哟！

第6课　速度和协调游戏（三）

学练目标

通过学习，让孩子体验在运动时的各种感觉（紧张、兴奋）和正确对待成功与失败的心情。培养孩子动作的协调性、灵活性以及相互协作的能力。

健康加油站

孩子们，协调能力有助于我们对身形的塑造，也有助于大脑开发；反应能力练习对提高我们的判断力有非常大的帮助。

居家运动课堂

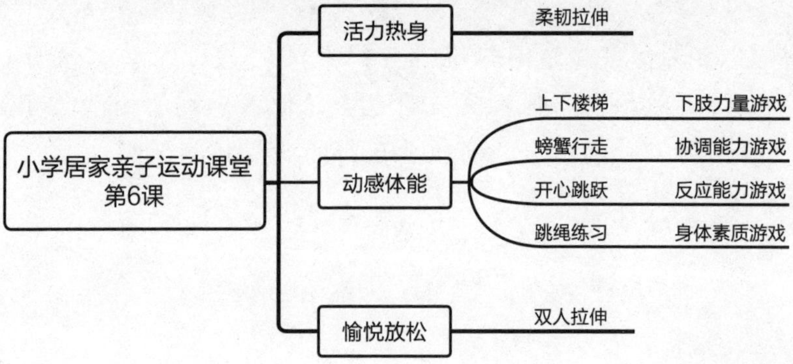

活力热身

1. 练习名称：柔韧拉伸

时间/组数：2个8拍/组×2组

练习方法：家长和孩子每人手持一根跳绳，两臂伸直，进行肩部及腰腹部拉伸练习。

动感体能

2. 练习名称：上下楼梯

时间/组数：30次/组×4组

练习方法：选择合适高度的小凳放于体前，进行单脚交换跳上跳下，与摆臂结合，动作协调。

3. 练习名称：螃蟹行走

时间/组数：5米/组×5组

练习方法：体前设置一条5米长的直线，双手双脚支撑于直线起点处，通过手脚横向移动的方式到达终点。

4. 练习名称：开心跳跃

时间/组数：15次/组×4组

练习方法：家长面对面蹲立，保持1.5米距离，孩子站立在中间，家长一方将小棒滚给对方，孩子在小棒接近自己时快速跳起。

5. 练习名称：跳绳练习

时间/组数：1分钟/组×3组

练习方法：双手握绳，两臂自然弯曲，将绳置于体后，向前摇绳。跳绳时上下肢协调配合，用力连贯。注意前脚掌着地。

愉悦放松

6. 练习名称：双人拉伸

时间/组数：3～5分钟

练习方法：两人相向坐地，双腿伸直，进行合作拉伸练习。

拓展与提示

孩子们，早上起床后，靠墙站立，确保头部、肩部、臀部及脚后跟都紧贴在墙上。每天坚持十分钟，可以有效地改善驼背问题哟！

第7课　灵敏和力量游戏（一）

学练目标

通过合作与对抗练习，增强孩子的核心与上、下肢力量，提高身体反应能力和灵敏性，在多种合作与对抗中享受居家运动所带来的快乐，培养坚毅果敢的精神品质。

健康加油站

孩子们，小学阶段可是大家提升灵敏素质的关键窗口期。生活中，快速的反应、灵动的身体是最佳自我保护技能哟！

居家运动课堂

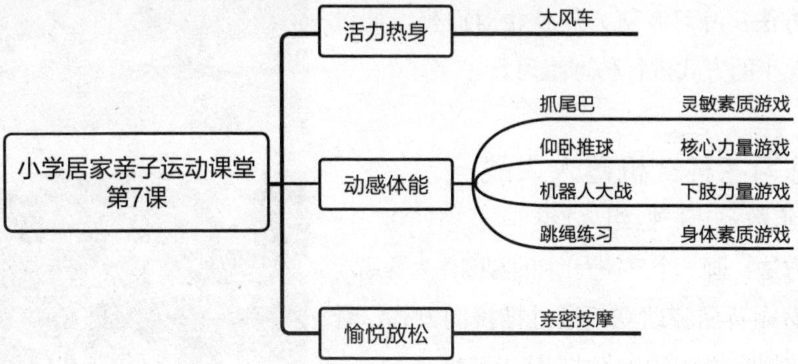

活力热身

1. 练习名称：大风车

时间/组数：1分钟/组×2组

练习方法：手持标志盘从左腿胯下绕过，再从右腿胯下绕过，依次进行。熟练者可跳跃进行。

动感体能

2. 练习名称：抓尾巴

时间/组数：2分钟/组×2组

练习方法：练习者双方将“小尾巴”（可用毛巾、分队服等代替）塞在背后，比一比谁先抓到对方的“尾巴”。

3. 练习名称：仰卧推球

时间/组数：20次/组×5组

练习方法：练习者双方屈膝相对而坐，通过仰卧起坐的方式进行传球练习。

4. 练习名称：机器人大战

时间/组数：1分钟/组×2组

练习方法：画一个直径为1米的圆圈作为赛场，双方背靠背屈膝站立，通过推挤的方式，看谁能在规定的时间内将对方挤出赛场。

5. 练习名称：跳绳练习

时间/组数：1分钟/组×3～5组

练习方法：双手握绳，两臂自然弯曲，将绳置于体后，向前摇绳。跳绳时上下肢协调配合，用力连贯。注意前脚掌着地。

愉悦放松

6. 练习名称：亲密按摩

时间/组数：3～5分钟

练习方法：家长和孩子盘膝同向而坐，轻轻拍打前面人的肩部和手臂，进行放松，然后变换方向继续进行。

拓展与提示

健康不仅指身体健康，还包括心理健康和良好的社会适应能力。孩子们，让我们在充满合作与对抗的体育游戏中感受运动带给我们的力量吧！

第8课　灵敏和力量游戏（二）

学练目标

通过多种趣味练习，增强孩子的协调、灵活、柔韧、力量等综合能力，提高身体体能。激发孩子对运动的热爱，同时培养孩子朝气蓬勃、克服困难、坚持不懈的品质。

健康加油站

体育锻炼能给我们的身体带来一种适度的刺激，让我们拥有好的精神状态。

居家运动课堂

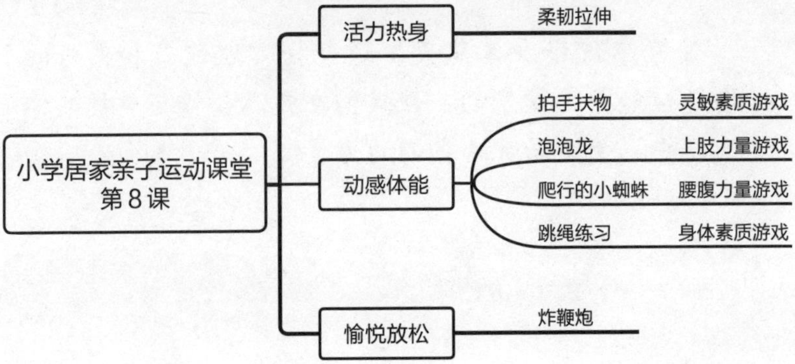

活力热身

1. 练习名称：柔韧拉伸

时间/组数：2个8拍/组×2组

练习方法：家长和孩子每人手持一根跳绳，两臂伸直，进行肩部及腰腹部拉伸练习。

动感体能

2. 练习名称：拍手扶物

时间/组数：5次/组×3组

练习方法：孩子双手扶杆，松开杆子用双手触碰家长的双手，然后迅速扶住杆子。

3. 练习名称：泡泡龙

时间/组数：15次/组×5组

练习方法：家长与孩子间隔2～4米趴在地上，用双手推动小皮球至对方接住，依次往返推动皮球完成练习。

4. 练习名称：爬行的小蜘蛛

时间/组数：40秒/组×4组

练习方法：家长与孩子背对背，双臂交叉坐在凳子上，用脚做踩单车的动作完成练习。

5. 练习名称：跳绳练习

时间/组数：1分钟/组×3～5组

练习方法：双手握绳，两臂自然弯曲，将绳置于体后，向前摇绳。跳绳时上下肢协调配合，用力连贯。注意前脚掌着地。

愉悦放松

6. 练习名称：炸鞭炮

时间/组数：3～5分钟

练习方法：家长和孩子仰撑坐在地上，用一侧脚背拍打异侧小腿部位，1分钟后交换脚练习。

拓展与提示

孩子们，在熟悉游戏方法后，还可以大胆尝试，利用不同的器材进行游戏，养成坚持锻炼的好习惯。

第9课 灵敏和力量游戏（三）

学练目标

通过多种练习，增强孩子的反应能力和身体力量，让他们感受到体育活动和比赛的乐趣，获得成功的体验，并认识到适当的体育锻炼也是一种有效的、积极的休息方式。

健康加油站

孩子们，腿部力量的锻炼可以很好地促进我们下半身的血液循环，所以，下肢的锻炼可不容忽视。

居家运动课堂

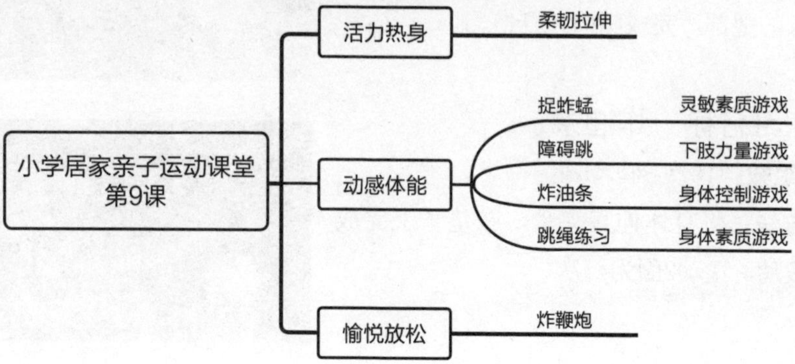

活力热身

1. 练习名称：柔韧拉伸

时间/组数： 2个8拍/组×2组

练习方法： 家长和孩子每人手持一根跳绳，两臂伸直，进行肩部及腰腹部拉伸练习。

动感体能

2. 练习名称：捉蚱蜢

时间/组数： 20次/组×4组

练习方法： 家长与孩子间隔2～4米相对站立，孩子手持标志桶接住家长抛出的反弹球。

3. 练习名称：障碍跳

时间/组数： 10次/组×5组

练习方法： 家长分腿坐于地面，孩子依次跳过家长的腿部，完成障碍跳跃练习。

4. 练习名称：炸油条

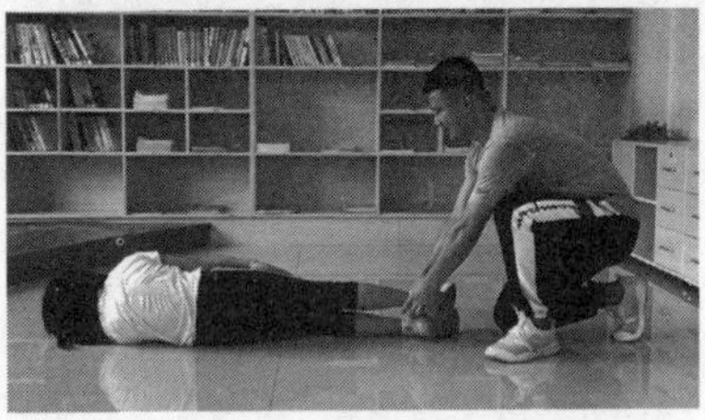

时间/组数： 15次/组×5组

练习方法： 将身体伸直夹紧，在垫子上完成横向滚动，滚动2圈为一次。

5. 练习名称：跳绳练习

时间/组数：1分钟/组×3～5组

练习方法：双手握绳，两臂自然弯曲，将绳置于体后，向前摇绳。跳绳时上下肢协调配合，用力连贯。注意前脚掌着地。

愉悦放松

6. 练习名称：炸鞭炮

时间/组数：3～5分钟

练习方法：家长和孩子仰撑坐在地上，用一侧脚背拍打异侧小腿部位，1分钟后交换脚练习。

拓展与提示

孩子们，睡觉是人体由动到静的过程，如果睡觉前做了剧烈运动，中枢神经会处于兴奋状态，心脏会剧烈跳动，要恢复到安静状态需要很长时间，上床后会难以入睡。因此，睡觉前可不能剧烈运动哟！

第10课 灵敏和力量游戏（四）

学练目标

让孩子掌握趣味、有效、可行的居家游戏的方法，提高身体力量素质和协调能力，引导家庭成员进行居家趣味体能练习。坚持科学有效的运动，可以强壮骨骼、愉悦身心、提升记忆力、增强抵抗力。

健康加油站

孩子们，你们知道吗？根据肌肉收缩形式，力量训练主要分为动力性力量训练和静力性力量训练两大类哟！

居家运动课堂

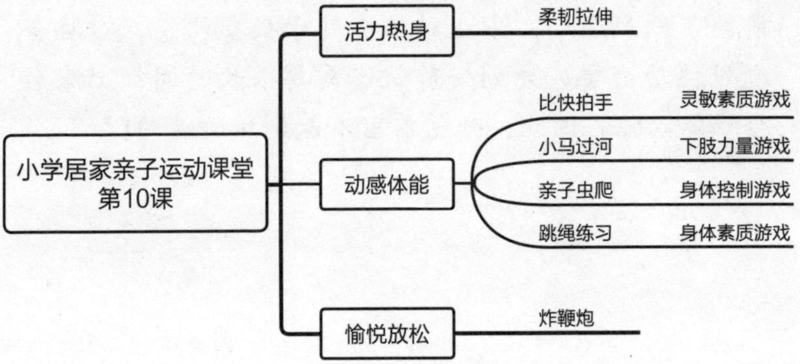

活力热身

1. 练习名称：柔韧拉伸

时间/组数：2个8拍/组×2组

练习方法：家长和孩子每人手持一根跳绳，两臂伸直，进行肩部及腰腹部拉伸练习。

动感体能

2. 练习名称：比快拍手

时间/组数：15次/组×4组

练习方法：家长和孩子相对0.5米站立，家长掌心朝下，孩子掌心朝上，两手重叠。家长抽出手掌前，孩子拍打家长手背成功为完成1次练习。

3. 练习名称：小马过河

时间/组数：30次/组×5组

练习方法：家长在孩子面前进行平板支撑，孩子采用双脚跳跃的方式，从家长身上跳过为完成1次练习。

4. 练习名称：亲子虫爬

时间/组数：10次/组×4组

练习方法：家长与孩子相对站立，保持适当的距离，在双脚不动的情况下，用双手向前爬行，靠近后支撑击掌。

5. 练习名称：跳绳练习

时间/组数：1分钟/组×3组

练习方法：双手握绳，两臂自然弯曲，将绳置于体后，向前摇绳。跳绳时上下肢协调配合，用力连贯。注意前脚掌着地。

愉悦放松

6. 练习名称：炸鞭炮

时间/组数：3～5分钟

练习方法：家长和孩子仰撑坐在地上，用一侧脚背拍打异侧小腿部位，1分钟后交换脚练习。

拓展与提示

孩子们，在进行力量练习的时候，选择的器材并不是越重越好，根据自身情况选择适宜重量的器材才能达到更好的锻炼效果，避免运动损伤。

第11课　灵敏和协调游戏（一）

学练目标

通过多种形式的练习，提高孩子身体的协调、灵敏等身体素质，增强体能，促进身体正常发育和发展，增强自信心，感受成功的喜悦。

健康加油站

孩子们，“石头剪刀布”的游戏有许多种玩法，本节课我们用它来增强腰腹力量和协调能力。你还知道哪些精彩的玩法？

居家运动课堂

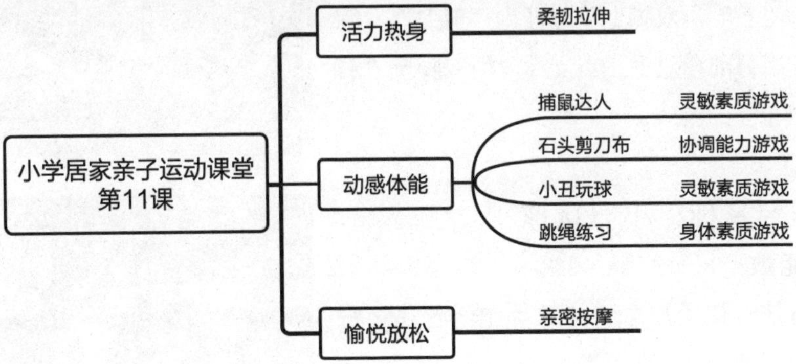

活力热身

1. 练习名称：柔韧拉伸

时间/组数：2个8拍/组×2组

练习方法：家长和孩子每人手持一根跳绳，两臂伸直，进行肩部及腰腹部拉伸练习。

动感体能

2. 练习名称：捕鼠达人

时间/组数：10次/组×4组

练习方法：捕鼠小达人利用手中的标志筒快速准确地“抓”住家人从身后滚过来的小球。

3. 练习名称：石头剪刀布

时间/组数：1分钟/组×3组

练习方法：双脚并拢为“石头”，双脚左右分开为“布”，双脚上下分开为“剪刀”。练习时利用臀部和双手三点支撑，用双脚玩“石头剪刀布”的游戏。

4. 练习名称：小丑玩球

时间/组数：1分钟/组×3组

练习方法：孩子和家长一起玩抛球游戏。将球分别从胯下、腋下抛起来并接住。比一比，看谁接到的次数多！

5. 练习名称：跳绳练习

时间/组数：1分钟/组×3～5组

练习方法：双手握绳，两臂自然弯曲，将绳置于体后，向前摇绳。跳绳时上下肢协调配合，用力连贯。注意前脚掌着地。

愉悦放松

6. 练习名称：亲密按摩

时间/组数：3～5分钟

练习方法：家长和孩子盘膝同向而坐，轻轻拍打前面人的肩部和手臂，进行放松，然后变换方向继续进行。

拓展与提示

孩子们，合理的运动是每周练习3～4次，每次坚持30分钟左右。让我们一起养成良好的运动习惯吧！

第12课　灵敏和协调游戏（二）

学练目标

通过各种练习，让孩子掌握锻炼方法，提高孩子的灵敏和协调能力，在家庭练习及游戏比赛中灵活运用，为形成自己的运动爱好和特长打下基础。

健康加油站

孩子们，提高协调性，不仅可以促进我们的小脑健康发育，改善我们脑前庭的控制力，还可以有效地预防和治疗我们的感统失调。

居家运动课堂

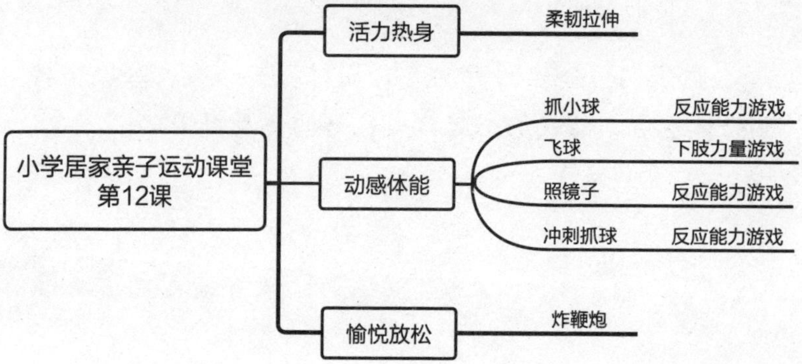

活力热身

1. 练习名称：柔韧拉伸

时间/组数： 2个8拍/组×2组

练习方法： 家长和孩子每人手持一根跳绳，两臂伸直，进行肩部及腰腹部拉伸练习。

动感体能

2. 练习名称：抓小球

时间/组数： 8次/组×4组

练习方法： 家长可采用蹲或站立的姿势，用手握住小球，让小球自由落下，孩子迅速抓住小球。可交换练习对象进行练习。

3. 练习名称：飞球

时间/组数： 8次/组×3组

练习方法： 用双脚将小球夹住，跳起将球抛出，用手接住小球。接住小球算一次。每组间歇30秒。

4. 练习名称：照镜子

时间/组数： 1分钟/组×3组

练习方法： 两人一组，面对面，由一人在三个标志物上变化方位跑动，另一人跟随模仿方位跑动。

5. 练习名称：冲刺抓球

时间/组数：8次/组×3组

练习方法：家长将小球砸向地面，当球弹起时，孩子迅速跑出接住小球。逐渐增加孩子跑动的距离。

愉悦放松

6. 练习名称：炸鞭炮

时间/组数：3～5分钟

练习方法：家长和孩子仰撑坐在地上，用一侧脚背拍打异侧小腿部位，1分钟后交换脚练习。

拓展与提示

孩子们，阳光是一种天然的兴奋剂，在晨曦中散步30分钟，有助于维护骨骼和牙齿的强健。

第13课　灵敏和协调游戏（三）

学练目标

通过练习，让孩子初步掌握多种体育锻炼方法，增强腰腹力量。提高基本身体活动能力。促进孩子身体动作的准确性、灵活性、协调性，使孩子从游戏中感受到无限的快乐。

健康加油站

孩子们，腰腹力量作为人体的核心素质，是非常重要的。腰部肌肉是维持身体上半身稳定性的重要结构之一，就像是脊柱的保护伞，有助于维持和增强脊柱的稳定性。

居家运动课堂

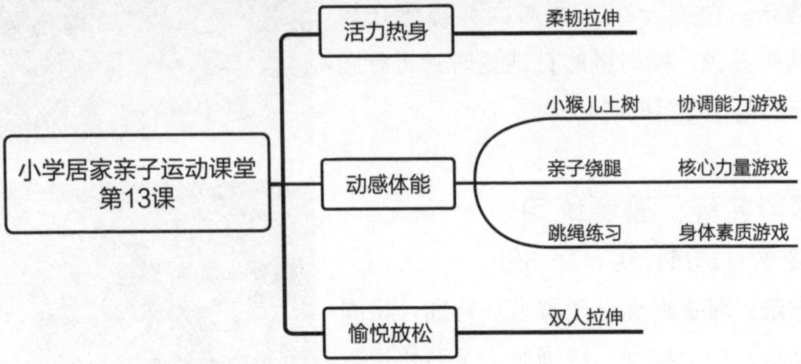

活力热身

1. 练习名称：柔韧拉伸

时间/组数： 2个8拍/组×2组

练习方法： 家长和孩子每人手持一根跳绳，两臂伸直，进行肩部及腰腹部拉伸练习。

动感体能

2. 练习名称：小猴儿上树

时间/组数： 2圈/组×5组

练习方法： 家长站立，呈马步姿势，同时双手打开，孩子围绕家长的身体进行攀爬游戏。每组间隔1分钟。

3. 练习名称：亲子绕腿

时间/组数： 30次/组×5组

练习方法： 两人一组，面对面仰撑坐在地上，两脚并拢，同时顺时针或逆时针进行腿部绕环练习。每组间隔1分钟。

4. 练习名称：跳绳练习

时间/组数： 1分钟/组×3～5组

练习方法： 双手握绳，两臂自然弯曲，将绳置于体后，向前摇绳。跳绳时上下肢协调配合，用力连贯。注意前脚掌着地。

愉悦放松

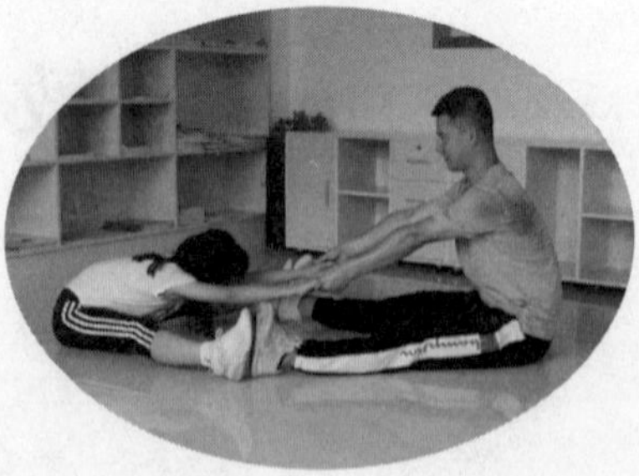

5. 练习名称：双人拉伸

时间/组数：3～5分钟

练习方法：两人相向坐地，双腿伸直，进行合作拉伸练习。

拓展与提示

孩子们，运动并不是做得越多越好，要注意时间、强度、频率、次数的合理搭配，其次，动作的完成质量也很重要。你们记住了吗？

第14课　灵敏和协调游戏（四）

学练目标

通过练习，让孩子能基本了解反应灵敏及协调性练习的方法，能说出游戏的名称，积极地参与并享受居家运动所带来的快乐，培养参与体育锻炼的兴趣和习惯。

健康加油站

孩子们，身体的力量练习分为三个部分：上肢力量练习、下肢力量练习和腰腹力量练习。我们正处于身体发育期，适量的科学力量练习有助于增强体质和骨骼发育哟！

居家运动课堂

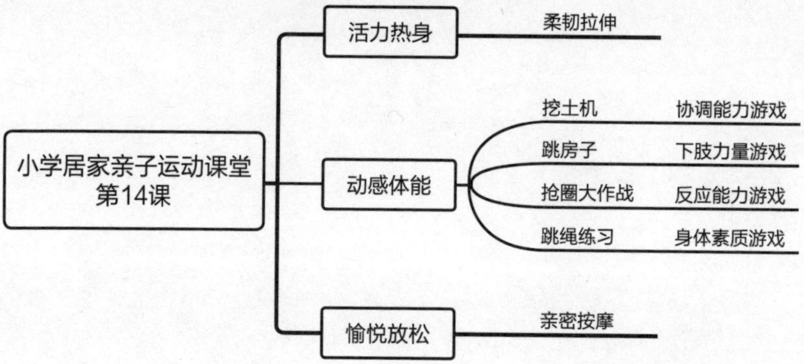

活力热身

1. 练习名称：柔韧拉伸

时间/组数：2个8拍/组×2组

练习方法：家长和孩子每人手持一根跳绳，两臂伸直，进行肩部及腰腹部拉伸练习。

动感体能

2. 练习名称：挖土机

时间/组数：30秒/组×5组

练习方法：家人做屈腿仰卧起坐，孩子双手俯撑在家人膝盖上，做高抬腿动作，运动频率可由慢到快。

3. 练习名称：跳房子

时间/组数：3次/组×2组

练习方法：将彩圈放置在地上，用单、双脚做各种方式的跳彩圈练习。彩圈可用书本、纸巾等物品替代。

4. 练习名称：抢圈大作战

时间/组数：1分钟/组×4组

练习方法：将N个标志物集中放置在地上，N+1人以标志物为中心，围成圆圈站立，听到“开始”口令后围绕圆圈顺时针方向跑动，听到结束令响后迅速抢标志物。

5. 练习名称：跳绳练习

时间/组数： 1分钟/组×3～5组

练习方法： 双手握绳，两臂自然弯曲，将绳置于体后，向前摇绳。跳绳时上下肢协调配合，用力连贯。注意前脚掌着地。

愉悦放松

6. 练习名称：亲密按摩

时间/组数： 3～5分钟

练习方法： 家长和孩子盘膝同向而坐，轻轻拍打前面人的肩部和手臂，进行放松，然后变换方向继续进行。

拓展与提示

孩子们，你们经常喝水吗？果汁、饮料的糖分和热量都很高，一定要多喝白开水哟！

第15课　灵敏和平衡游戏

学练目标

通过多种形式的练习，让孩子能掌握提高平衡和灵敏能力的游戏方法，学会控制自己的身体，逐渐理解运动在生活实践中的现实意义，为终身体育打下基础。

健康加油站

孩子们，你们知道吗？提高平衡能力通常可以有两种方式：动态平衡练习和静态平衡练习。例如：单脚俯身捡球就是动态平衡练习。

居家运动课堂

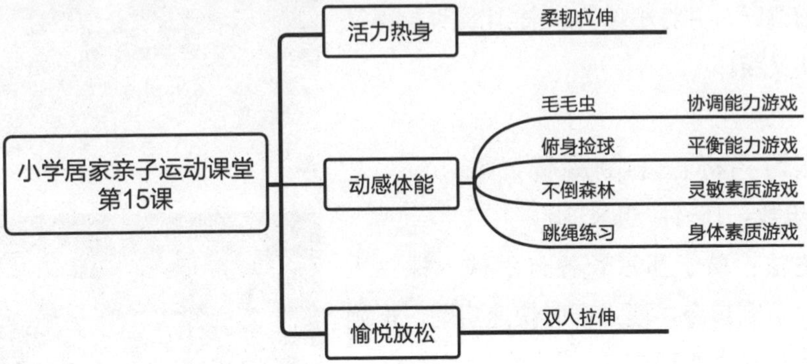

活力热身

1. 练习名称：柔韧拉伸

时间/组数：2个8拍/组×2组

练习方法：家长和孩子每人手持一根跳绳，两臂伸直，进行肩部及腰腹部拉伸练习。

动感体能

2. 练习名称：毛毛虫

时间/组数：10次/组×3组

练习方法：呈俯卧撑姿势，双手前爬至最远端，后双脚前爬，依次交替，模仿毛毛虫向前爬行。

3. 练习名称：俯身捡球

时间/组数：40秒/组×4组

练习方法：听到口令时，家长和孩子利用单脚向前跳跃，并将小球捡起来，比比谁捡得又多又快又稳。

4. 练习名称：不倒森林

时间/组数：1分钟/组×5组

练习方法：孩子和家长各自手扶一棵“大树”，听到口令，两人同时快速启动，准确地扶住对方的“大树”。

5. 练习名称：跳绳练习

时间/组数： 1分钟/组×3～5组

练习方法： 双手握绳，两臂自然弯曲，将绳置于体后，向前摇绳。跳绳时上下肢协调配合，用力连贯。注意前脚掌着地。

愉悦放松

6. 练习名称：双人拉伸

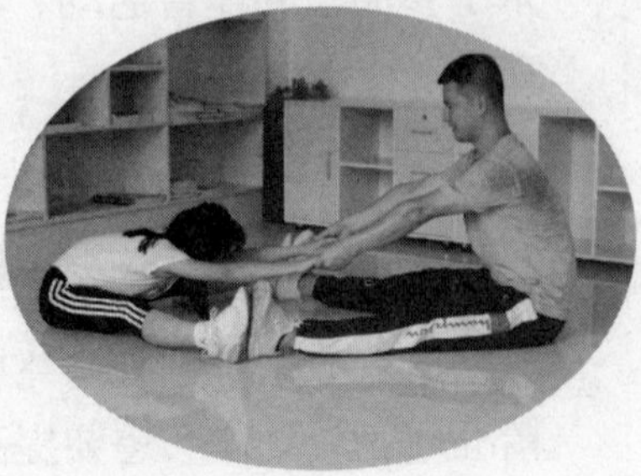

时间/组数： 3分钟

练习方法： 两人相向坐地，双腿伸直，进行合作拉伸练习。

拓展与提示

孩子们，儿童时期是各种感知觉能力发展的关键时期，其中平衡能力与人体内耳的前庭器官功能有关，是脑部对身体所接触感觉讯息的调节、处理、组织的外在表现之一。

第16课 力量和协调游戏（一）

学练目标

通过各种练习，增强孩子的身体协调性和下肢力量，让他们乐于参加新的体育活动、游戏和比赛，提高他们基本的身体活动和完成体育游戏的能力。

健康加油站

孩子们，身体协调性好，会让我们的大脑和身体更流畅、高效、精准地完成动作。想要提高身体协调性，就必须勤加锻炼，慢慢让自己的肢体达到一种和谐状态。

居家运动课堂

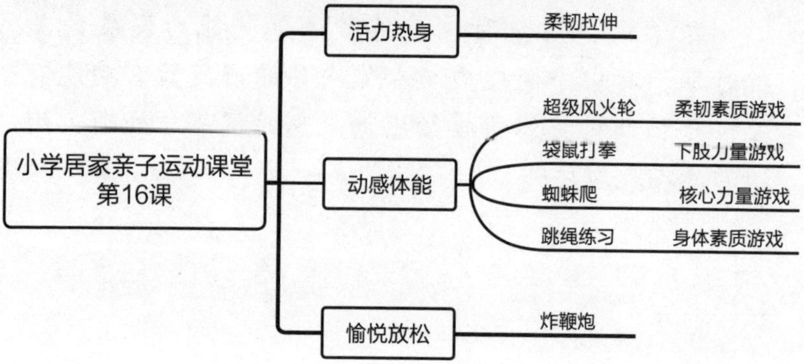

活力热身

1. 练习名称：柔韧拉伸

时间/组数：2个8拍/组×2组

练习方法：家长和孩子每人手持一根跳绳，两臂伸直，进行肩部及腰腹部拉伸练习。

动感体能

2. 练习名称：超级风火轮

时间/组数：15次/组×6组

练习方法：家长和孩子背靠背站立，将球依次从胯下传递至头上，往返传递球为完成1次练习。

3. 练习名称：袋鼠打拳

时间/组数：30次/组×6组

练习方法：两手叉腰，两脚依次完成前后交叉踩点跳跃练习。注意脚后跟不着地。

4. 练习名称：蜘蛛爬

时间/组数：1分钟/组×2组

练习方法：四肢着地呈仰撑，按不规则路线进行四肢爬行练习。练习时注意场地安全。

5. 练习名称：跳绳练习

时间/组数：1分钟/组×3～5组

练习方法：双手握绳，两臂自然弯曲，将绳置于体后，向前摇绳。跳绳时上下肢协调配合，用力连贯。注意前脚掌着地。

愉悦放松

6. 练习名称：炸鞭炮

时间/组数：3～5分钟

练习方法：家长和孩子仰撑坐在地上，用一侧脚背拍打异侧小腿部位，1分钟后交换脚练习。

拓展与提示

孩子们，在进行体育锻炼前，可以先了解动作方法，这样既能达到更好的体育锻炼的效果，还能消除心理上的恐惧，增强自信心，避免不必要的伤害。

第17课　力量和协调游戏（二）

学练目标

通过趣味练习，让孩子初步掌握多种体育锻炼的方法，增强腰腹力量，提高基本的身体活动能力，培养不怕苦、不怕累，坚持到底的意志品质。

健康加油站

孩子们,腰腹部是上半身和下半身的连接部位,核心力量不够,就不能很好地支撑上半身，特别是背部，就会出现驼背哟!

居家运动课堂

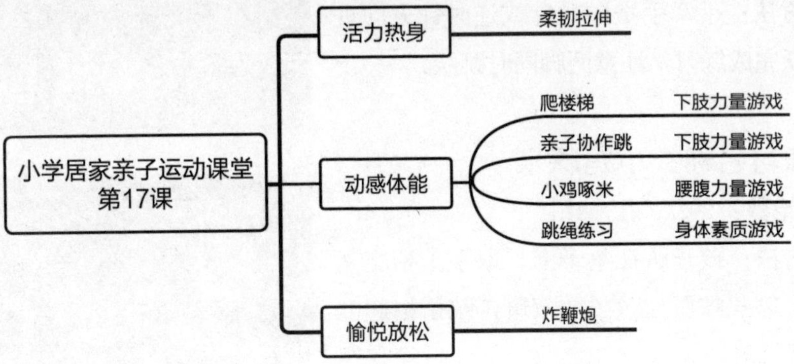

活力热身

1. 练习名称：柔韧拉伸

时间/组数： 2个8拍/组×2组

练习方法： 家长和孩子每人手持一根跳绳，两臂伸直，进行肩部及腰腹部拉伸练习。

动感体能

2. 练习名称：爬楼梯

时间/组数： 40秒/组×5组

练习方法： 保持上体直立，交换腿跳上一定高度的小凳子或台阶完成练习。每组间歇一分钟，可手牵手同时完成。

3. 练习名称：亲子协作跳

时间/组数： 30次/组×5组

练习方法： 手牵手按顺时针或逆时针方向进行跳跃完成练习。注意两脚同时跳跃。

4. 练习名称：小鸡啄米

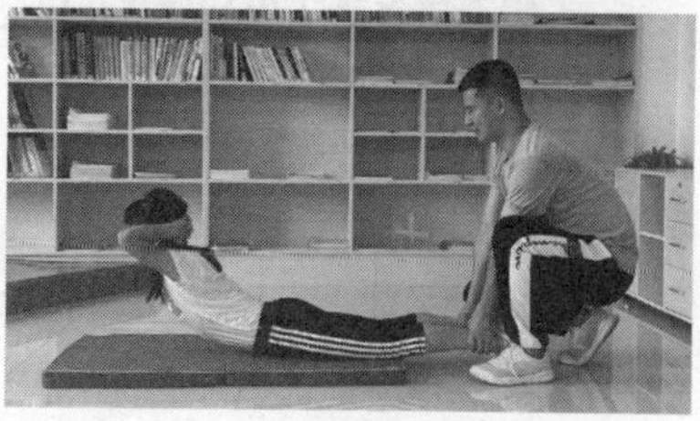

时间/组数： 20次/组×4组

练习方法： 孩子趴在垫子上，双手十指交叉抱头，家长按压住孩子的双脚，孩子抬起上体完成练习。

5. 练习名称：跳绳练习

时间/组数： 1分钟/组×3～5组

练习方法： 双手握绳，两臂自然弯曲，将绳置于体后，向前摇绳。跳绳时上下肢协调配合，用力连贯。注意前脚掌着地。

愉悦放松

6. 练习名称：炸鞭炮

时间/组数： 3～5分钟

练习方法： 家长和孩子仰撑坐在地上，用一侧脚背拍打异侧小腿部位，1分钟后交换脚练习。

拓展与提示

孩子们，你们知道有哪些练习腰腹力量的方法吗？有俯卧撑、平板支撑、屈腿运动、空中蹬车、悬垂屈腿、仰卧起坐等等。一定要量力而行哟！

第18课　力量和协调游戏（三）

学练目标

通过游戏活动，让孩子初步掌握多种增强力量和协调性的体育锻炼方法，提高身体的协调能力。了解身体素质包括力量、柔韧、速度、灵敏、协调五部分。

健康加油站

孩子们，协调性与我们的智力发展和个性形成有很大关系。它能够强化我们的形象思维和抽象思维的联合活动能力，提高记忆力，还能降低我们的心理疲劳程度哟！

居家运动课堂

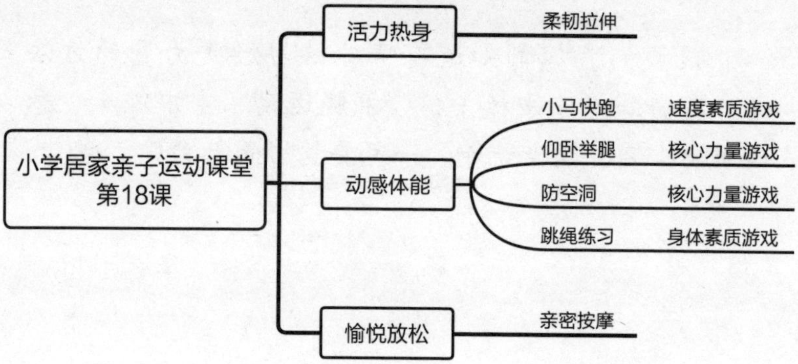

活力热身

1. 练习名称：柔韧拉伸

时间/组数：2个8拍/组×2组

练习方法：家长和孩子每人手持一根跳绳，两臂伸直，进行肩部及腰腹部拉伸练习。

动感体能

2. 练习名称：小马快跑

时间/组数：40秒/组×5组

练习方法：原地快速小步跑，要求前脚掌着地，两臂跟随脚步有节奏地屈肘前后摆臂完成练习。

3. 练习名称：仰卧举腿

时间/组数：15次/组×5组

练习方法：仰卧躺在垫子上，双手握住站立人的脚踝，两脚并拢，腿伸直，举至90度为一次，快起慢落完成练习。

4. 练习名称：防空洞

时间/组数：30秒/组×5组

练习方法：两人一组，呈俯撑姿势，家长在上，孩子在下，同时爬行完成练习。

5. 练习名称：跳绳练习

时间/组数： 1分钟/组×3～5组

练习方法： 双手握绳，两臂自然弯曲，将绳置于体后，向前摇绳。跳绳时上下肢协调配合，用力连贯。注意前脚掌着地。

愉悦放松

6. 练习名称：亲密按摩

时间/组数： 3～5分钟

练习方法： 家长和孩子盘膝同向而坐，轻轻拍打前面人的肩部和手臂，进行放松，然后变换方向继续进行。

拓展与提示

孩子们，运动负荷包括生理负荷和心理负荷两方面，决定生理负荷大小的主要因素是练习的数量和强度，而练习的数量和强度是互相联系和制约的。强度小，数量可多，强度大，数量宜减少。你了解了吗？

第19课　力量和协调游戏（四）

学练目标

利用体育游戏开展小学体育学习活动，让孩子提高参与意识，获得运动乐趣，培养运动习惯，巩固运动技能，促进身心健康，体会成功喜悦。提高他们的体力、智力，培养团结互助的合作精神。

健康加油站

孩子们，你们知道为什么要少喝碳酸饮料吗？因为碳酸饮料大部分都含有磷酸，大量磷酸的摄入，会影响钙的吸收，引起钙与磷的比例失调，而缺钙意味着骨骼发展缓慢和骨质疏松，所以一定要少喝碳酸饮料。

居家运动课堂

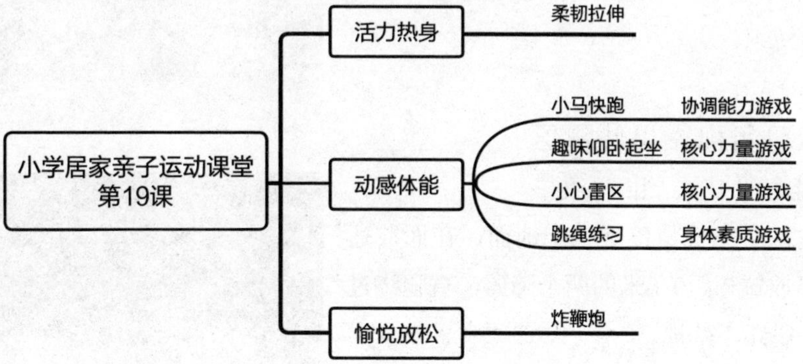

活力热身

1. 练习名称：柔韧拉伸

时间/组数：2个8拍/组×2组

练习方法：家长和孩子每人手持一根跳绳，两臂伸直，进行肩部及腰腹部拉伸练习。

动感体能

2. 练习名称：小马快跑

时间/组数：40秒/组×6组

练习方法：家长和孩子屈膝俯身站立，双脚进行快频率碎步跑，双臂匀速摆动，动作协调。

3. 练习名称：趣味仰卧起坐

时间/组数：20次/组×5组

练习方法：家长与孩子面对面屈腿坐，通过“石头剪刀布”的游戏，输者进行一次仰卧起坐练习。

4. 练习名称：小心雷区

时间/组数：15次/组×4组

练习方法：家长与孩子坐于地面，在面前适当距离放置相距0.5米的两个障碍，直腿绕过障碍，脚跟不落地。

5. 练习名称：跳绳练习

时间/组数：1分钟/组×3～5组

练习方法：双手握绳，两臂自然弯曲，将绳置于体后，向前摇绳。跳绳时上下肢协调配合，用力连贯。注意前脚掌着地。

愉悦放松

6. 练习名称：炸鞭炮

时间/组数：3～5分钟

练习方法：家长和孩子仰撑坐在地上，用一侧脚背拍打异侧小腿部位，1分钟后交换脚练习。

拓展与提示

孩子们，人的生长发育都离不开钙质，你知道哪些食物可以补钙吗？有牛奶、酸奶、奶酪、干酪、豆类食品、深绿色有叶蔬菜、海带、虾皮等。食物是好吃的，可切记任何东西都不要过量哟！

第20课　力量和协调游戏（五）

学练目标

通过练习，增强孩子的协调、灵活、柔韧、力量等综合能力，提高身体体能。激发他们对运动的热爱，同时培养他们朝气蓬勃、不怕困难、坚持不懈的精神。

健康加油站

孩子们，身体素质的提高，能促进我们的肌肉、骨骼、器官发育，改善感统失调，开发大脑，加速智力发育，提升整体健康水平，使我们有精力从容面对日常学习与生活。

居家运动课堂

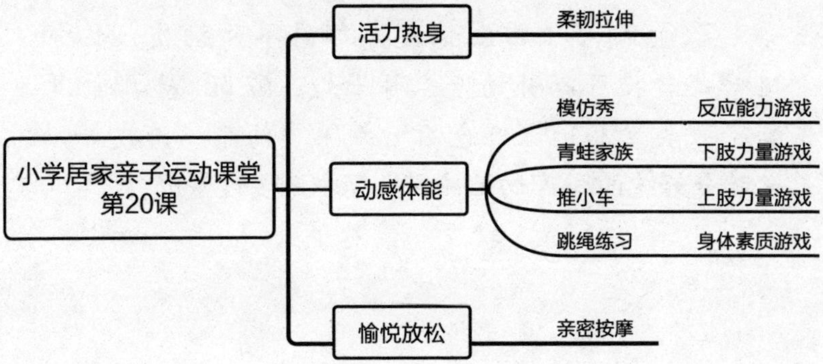

活力热身

1. 练习名称：柔韧拉伸

时间/组数：2个8拍/组×2组

练习方法：家长和孩子每人手持一根跳绳，两臂伸直，进行肩部及腰腹部拉伸练习。

动感体能

2. 练习名称：模仿秀

时间/组数：20次/组×5组

练习方法：一人跳跃成不同的动作或造型，其他成员迅速跟随模仿完成练习。还可互换角色练习。

3. 练习名称：青蛙家族

时间/组数：20次/组×5组

练习方法：两人面对面，手拉手，同时横向移动跳跃。要求双脚同时起跳。

4. 练习名称：推小车

时间/组数：30秒/组×5组

练习方法：躯干与腿部在同一直线上，收紧腹部，按规定路线完成练习。每组间隔1分钟。

5. 练习名称：跳绳练习

时间/组数：1分钟/组×3～5组

练习方法：双手握绳，两臂自然弯曲，将绳置于体后，向前摇绳。跳绳时上下肢协调配合，用力连贯。注意前脚掌着地。

愉悦放松

6. 练习名称：亲密按摩

时间/组数：3～5分钟

练习方法：家长和孩子盘膝同向而坐，轻轻拍打前面人的肩部和手臂，进行放松，然后变换方向继续进行。

拓展与提示

孩子们，运动完后一定要进行放松活动哟！运动后的放松活动可以使紧张的肌肉得到放松，防止休克和不良身体症状。

第21课　力量和协调游戏（六）

学练目标

通过趣味练习，激发孩子的运动兴趣，培养体育锻炼的意识和习惯。帮助孩子学会体育健身知识，关注个性发展，让每一位孩子受益。

健康加油站

孩子们，多吃胡萝卜好处多多哟！胡萝卜中含有大量的植物纤维，有效促进我们排泄，预防便秘。胡萝卜中含有丰富的维生素 A，还可以预防夜盲症哟！

居家运动课堂

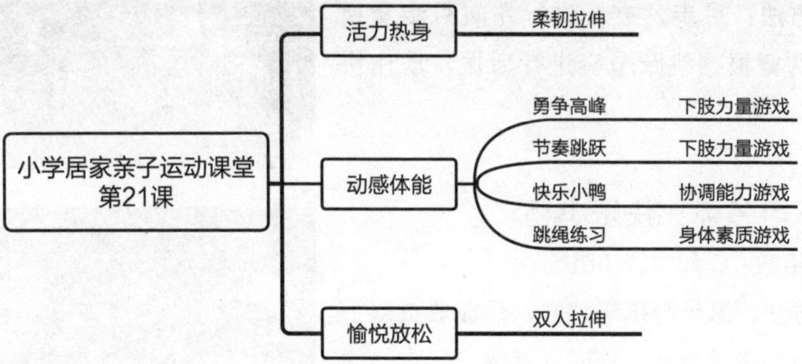

活力热身

1. 练习名称：柔韧拉伸

时间/组数： 2个8拍/组×2组

练习方法： 家长和孩子每人手持一根跳绳，两臂伸直，进行肩部及腰腹部拉伸练习。

动感体能

2. 练习名称：勇争高峰

时间/组数： 10次/组×6组

练习方法： 家长伸出双手，掌心朝下，调整合适高度，孩子尝试用头或手触碰家长掌心。

3. 练习名称：节奏跳跃

时间/组数： 30次/组×5组

练习方法： 弓步站立，进行左右弓步交换跳，两臂根据跳跃节奏进行后振，动作协调。

4. 练习名称：快乐小鸭

时间/组数： 5米/组×5组

练习方法： 家长与孩子蹲立，后面成员双手搭在前方成员腰间，同时向前蹲立行走，注意步调一致。

5. 练习名称：跳绳练习

时间/组数： 1分钟/组×3～5组

练习方法： 双手握绳，两臂自然弯曲，将绳置于体后，向前摇绳。跳绳时上下肢协调配合，用力连贯。注意前脚掌着地。

愉悦放松

6. 练习名称：双人拉伸

时间/组数： 3～5分钟

练习方法： 两人相向坐地，双腿伸直，进行合作拉伸练习。

拓展与提示

孩子们，挑食是儿童常见的不良行为习惯，它是指在饮食过程中只吃几种自己喜欢的食物，这样可不行哟！挑食会营养失衡，摄入不充足，生长发育就会出现问题。

第22课　力量和协调游戏（七）

学练目标

通过下肢力量和腰腹力量练习，让孩子能掌握不同部位力量练习的基本方法和动作要领，能在亲子锻炼及游戏比赛中灵活运用，促进亲子交流，增强体质。

健康加油站

孩子们，儿童时期，由于自然发育，骨骼和骨骼肌都会发生相应变化，肌肉力量也需要相应增长。这个阶段要选择科学的练习方法和适宜的练习强度，促进身体力量素质的发展。

居家运动课堂

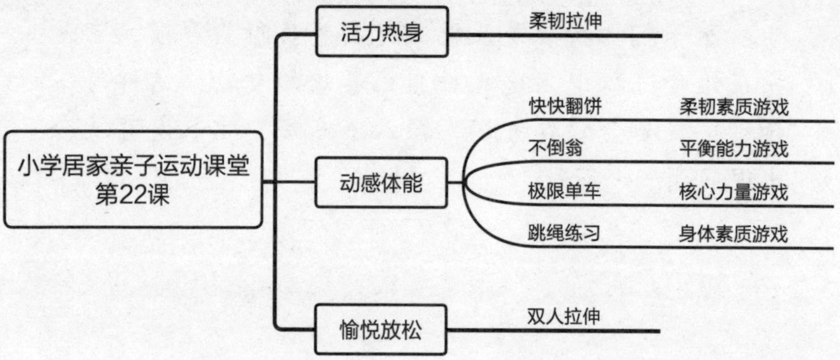

活力热身

1. 练习名称：柔韧拉伸

时间/组数：2个8拍/组×2组

练习方法：家长和孩子每人手持一根跳绳，两臂伸直，进行肩部及腰腹部拉伸练习。

动感体能

2. 练习名称：快快翻饼

时间/组数：1分钟/组×5组

练习方法：两人一组，每人各持两根短绳一端，对立而站，将绳拉直。发令后，两人从同一方向摆动短绳，同时抬臂转体360度。

3. 练习名称：不倒翁

时间/组数：5次/组×4组

练习方法：两人面对面站立，间隔30～50厘米，游戏开始后，保持下肢不动，用双手触推对方手掌或身体，下肢移动则为输。

4. 练习名称：极限单车

时间/组数：15秒/组×4组

练习方法：仰卧于垫上，双手压垫保持身体平衡，双腿悬空弯曲，用最快的速度做踩单车的动作。

5. 练习名称：跳绳练习

时间/组数：1分钟/组×2～3组

练习方法：双手握绳，两臂自然弯曲，将绳置于体后，向前摇绳。跳绳时上下肢协调配合，用力连贯。注意前脚掌着地。

愉悦放松

6. 练习名称：双人拉伸

时间/组数：3～5分钟

练习方法：两人相向坐地，双腿伸直，进行合作拉伸练习。

拓展与提示

孩子们，运动前你热身了吗？在“快快翻饼”练习中，要特别注意肩关节的保护，避免拉伤。运动中，如出现身体不适，应立即停止运动，观察身体状况。

第23课　力量和协调游戏（八）

学练目标

通过下肢力量练习，让孩子能运用跳绳和垫子掌握不同下肢力量练习的方法，增强下肢力量，体验亲子运动带来的乐趣，为培养孩子终身体育意识打下良好基础。

健康加油站

孩子们，每天八小时的充足睡眠可以让人缓解压力，增强身体免疫力。要记得早睡早起哟！

居家运动课堂

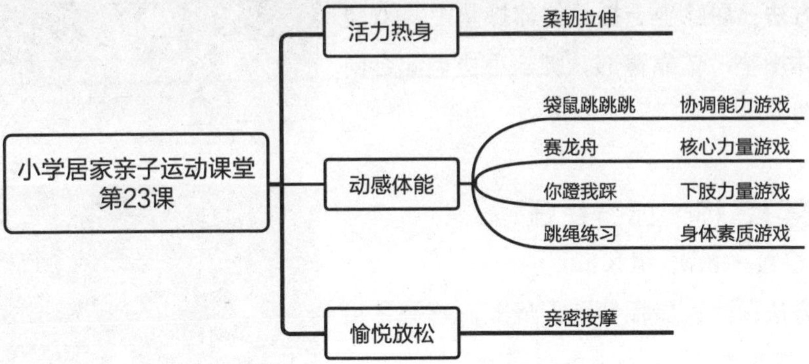

活力热身

1. 练习名称：柔韧拉伸

时间/组数： 2个8拍/组×2组

练习方法： 家长和孩子每人手持一根跳绳，两臂伸直，进行肩部及腰腹部拉伸练习。

动感体能

2. 练习名称：袋鼠跳跳跳

时间/组数： 30次/组×5组

练习方法： 双手持绳，将绳踩在脚下，双手向上用力拉直绳，进行绳不离鞋底的双腿并脚跳练习。

3. 练习名称：赛龙舟

时间/组数： 5米/组×4组

练习方法： 屈膝坐于折叠的体操垫上，双腿夹住体操垫，依靠臀部、脚、手协调配合向前移动身体。

4. 练习名称：你蹬我踩

时间/组数： 40次/组×5组

练习方法： 两人屈膝仰卧于垫上，双脚掌相触，做踩单车动作，相互配合完成练习。

5. 练习名称：跳绳练习

时间/组数：1分钟/组×3～5组

练习方法：双手握绳，两臂自然弯曲，将绳置于体后，向前摇绳。跳绳时上下肢协调配合，用力连贯。注意前脚掌着地。

愉悦放松

6. 练习名称：亲密按摩

时间/组数：3～5分钟

练习方法：家长和孩子盘膝同向而坐，轻轻拍打前面人的肩部和手臂，进行放松，然后变换方向继续进行。

拓展与提示

孩子们，你会按时吃早餐吗？规律的早餐可以提供上午所需的能量与营养，丰富每日的膳食结构，保证我们的身体健康，同时让我们有更高的学习效率。

第24课　力量和协调游戏（九）

学练目标

通过各种钻、跨、翻的练习，发展孩子上下肢力量，提高身体协调性和髋关节柔韧性。亲子合作参与游戏与练习，激发孩子参与锻炼的兴趣，促进良好的亲子关系。

健康加油站

孩子们，经常做伸展练习可以保持肌腱、肌肉及韧带等软组织的弹性，从而提高柔韧性哟！

居家运动课堂

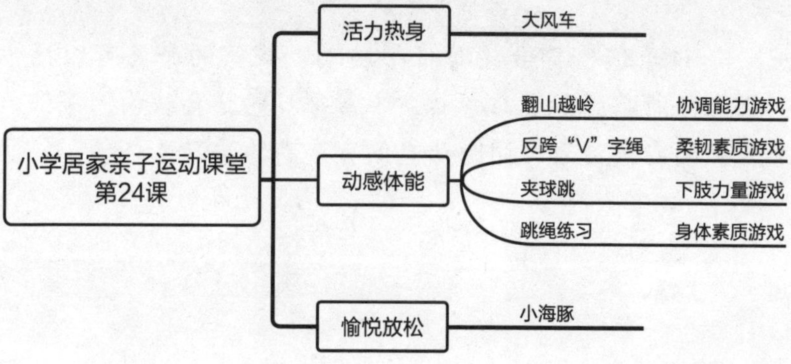

活力热身

1. 练习名称：大风车

时间/组数：1分钟/组×4组

练习方法：手持标志盘从左腿胯下绕过，再进行右腿胯下绕过，依次进行。熟练者可跳跃进行。

动感体能

2. 练习名称：翻山越岭

时间/组数：10次/组×5组

练习方法：练习者一方俯卧撑于地面，形成“山岭”和“山洞”，同伴练习爬过“山洞”，跳过“山岭”。

3. 练习名称：反跨“V”字绳

时间/组数：30秒/组×5组

练习方法：将跳绳呈“V”字形摆放，练习者沿跳绳外侧走路向前，每迈开一次脚都落地在跳绳的另一侧。

4. 练习名称：夹球跳

时间/组数：10米/组×3组

练习方法：两脚夹球向前跳至目的地，中途尽量保证球不落地。

5. 练习名称：跳绳练习

时间/组数：1分钟/组×3～5组

练习方法：双手握绳，两臂自然弯曲，将绳置于体后，向前摇绳。跳绳时上下肢协调配合，用力连贯。注意前脚掌着地。

愉悦放松

6. 练习名称：小海豚

时间/组数：3分钟

练习方法：双手支撑，头部后仰，拉伸身体。

拓展与提示

孩子们，每天坚持合理锻炼，不仅可以使骨骼变得粗壮结实，还能拥有健美的体型哟！

第25课 力量和平衡游戏（一）

学练目标

通过力量和平衡练习，提高孩子的平衡能力与动作频率，充分体验合作游戏的乐趣，形成初步的竞争意识。培养孩子积极参与、团结合作的精神。

健康加油站

孩子们，平衡能力训练不仅可以提高我们的空间感，也有助于左右脑发育。在运动时，有意识地让左手、右手多重复几个动作，可以刺激大脑，激发灵感。

居家运动课堂

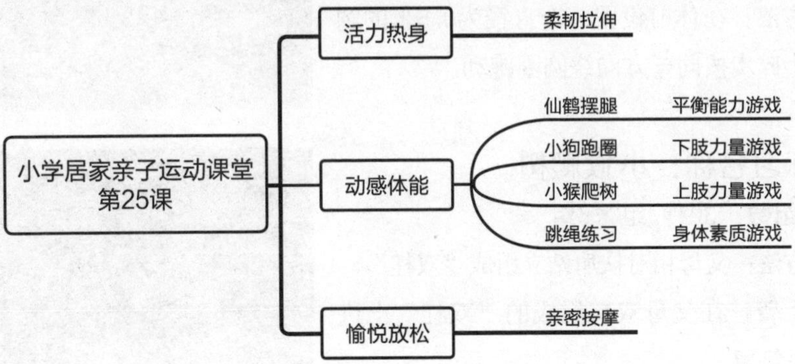

活力热身

1. 练习名称：柔韧拉伸

时间/组数：2个8拍/组×2组

练习方法：家长和孩子每人手持一根跳绳，两臂伸直，进行肩部及腰腹部拉伸练习。

动感体能

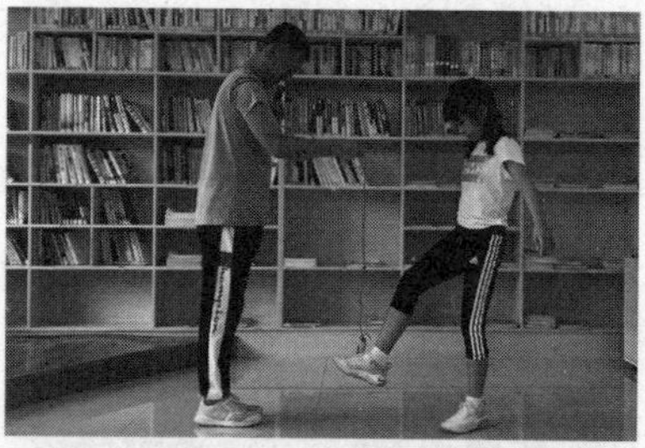

2. 练习名称：仙鹤摆腿

时间/组数：20次/组×4组

练习方法：家长持绳与孩子相距0.5米站立，孩子单脚站立，另一只脚触碰悬垂摆动的跳绳，交换脚进行。

3. 练习名称：小狗跑圈

时间/组数：10圈/组×4组

练习方法：在体前设置一个直径为0.5米的圆圈，小碎步按同一方向绕圆圈跑动。

4. 练习名称：小猴爬树

时间/组数：30秒/组×6组

练习方法：父母相对扶肩站立组成“双杠”，孩子上臂挂在父母双臂组成的“双杠”上进行悬垂练习。

5. 练习名称：跳绳练习

时间/组数：1分钟/组×3组

练习方法：双手握绳，两臂自然弯曲，将绳置于体后，向前摇绳。跳绳时上下肢协调配合，用力连贯。注意前脚掌着地。

愉悦放松

6. 练习名称：亲密按摩

时间/组数：3～5分钟

练习方法：家长和孩子盘膝同向而坐，轻轻拍打前面人的肩部和手臂，进行放松，然后变换方向继续进行。

拓展与提示

孩子们，跳绳是一人或众人在一根环摆的绳中做各种跳跃的运动游戏，这种游戏唐朝称为“透索”，宋朝称为“跳索”，明朝称为“跳百索”“跳白索”“跳马索”，清朝称为“绳飞”，清末以后才称为“跳绳”。

第26课　力量和平衡游戏（二）

学练目标

通过趣味游戏，提高孩子支撑能力与跳跃能力，培养家人之间的默契，一同感受运动魅力。同时增进亲子关系，营造和谐的家庭气氛和锻炼氛围。

健康加油站

孩子们，运动完后不能马上洗澡，因为身体的血液还集中在肌肉处，其他部位血液较少，这时洗澡，血管扩张，供血不足，就会造成缺氧，容易出现昏厥等突发情况。

居家运动课堂

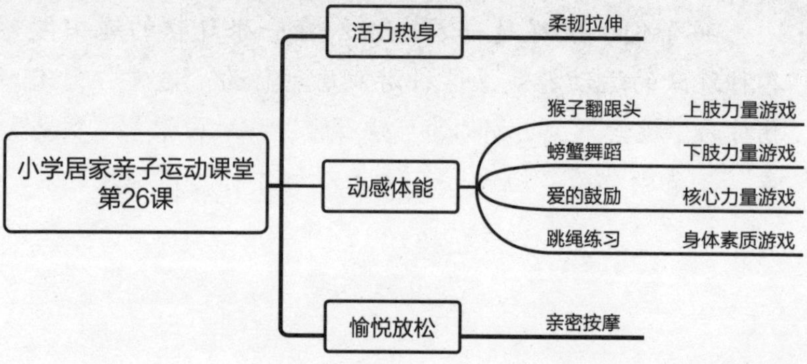

活力热身

1. 练习名称：柔韧拉伸

时间/组数：2个8拍/组×2组

练习方法：家长和孩子每人手持一根跳绳，两臂伸直，进行肩部及腰腹部拉伸练习。

动感体能

2. 练习名称：猴子翻跟头

时间/组数：5次/组×4组

练习方法：家长和孩子面对面，手牵手，孩子踏着家长双腿完成后翻动作。

3. 练习名称：螃蟹舞蹈

时间/组数：30次/组×4组

练习方法：家长与孩子分别站在圆圈旁，双手叉腰，进行开合跳，动作轻盈。

4. 练习名称：爱的鼓励

时间/组数：30次/组×4组

练习方法：家长与孩子头对头俯撑，进行异侧手击掌动作，腹部收紧，尽量减少身体晃动。

5. 练习名称：跳绳练习

时间/组数：1分钟/组×3～5组

练习方法：双手握绳，两臂自然弯曲，将绳置于体后，向前摇绳。跳绳时上下肢协调配合，用力连贯。注意前脚掌着地。

愉悦放松

6. 练习名称：亲密按摩

时间/组数：3～5分钟

练习方法：家长和孩子盘膝同向而坐，轻轻拍打前面人的肩部和手臂，进行放松，然后变换方向继续进行。

拓展与提示

孩子们，运动后怎么正确地喝水呢？运动后身体还处于兴奋期，心跳速度也没有马上恢复平缓，因而水不能一次喝足。正确的饮水方法是尽量保持饮水速度平缓，再间歇式地分次饮用。你们学会了吗？

第27课　协调和平衡游戏（一）

学练目标

通过练习，让孩子能掌握平衡和协调的基本知识和练习方法，通过亲子密切配合完成练习，促进亲子情感交流，增加孩子和父母的亲密度。

健康加油站

孩子们，饿着肚子做运动，无异于开着一辆没有油的小坦克，身体需要能量来保证运转，而一些健康的小食，如香蕉，就是十分棒的“燃料”哟！

居家运动课堂

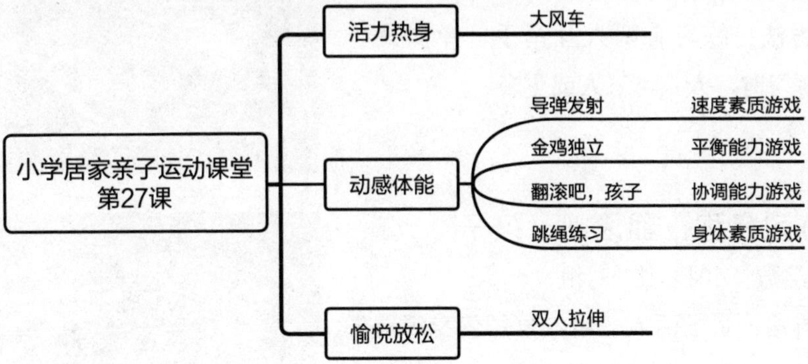

活力热身

1. 练习名称：大风车

时间/组数：1分钟/组×4组

练习方法：手持标志盘从左腿胯下绕过，再进行右腿胯下绕过，依次进行。熟练者可跳跃进行。

动感体能

2. 练习名称：导弹发射

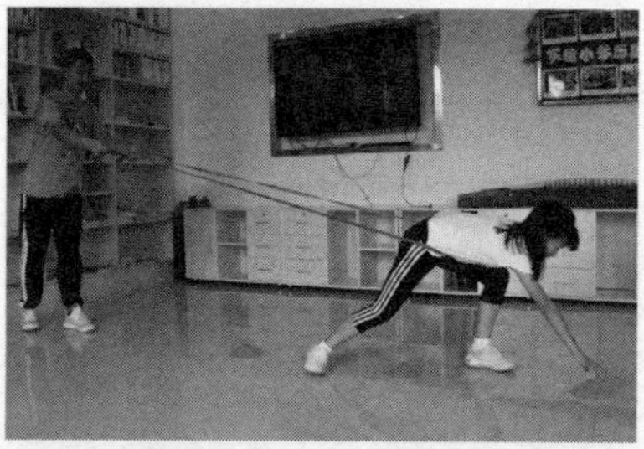

时间/组数：1分钟/组×3组

练习方法：设置标志物，同伴发出目标信号时，练习者快速触摸标志物，同伴用弹力带阻碍练习者触摸标志物。

3. 练习名称：金鸡独立

时间/组数：20次/组×4组

练习方法：练习者两人互牵手，单脚蹲、起。练习时，人数可三人或更多。

4. 练习名称：翻滚吧，孩子

时间/组数：40秒/组×4组

练习方法：亲子两人一组，家长俯身撑地形成拱桥并前移，孩子在家长拱桥下身体笔直翻滚，两人配合从起点到达终点。

5. 练习名称：跳绳练习

时间/组数：1分钟/组×3～5组

练习方法：双手握绳，两臂自然弯曲，将绳置于体后，向前摇绳。跳绳时上下肢协调配合，用力连贯。注意前脚掌着地。

愉悦放松

6. 练习名称：双人拉伸

时间/组数：3分钟

练习方法：两人相互将手放在对方肩上，进行肩部双人拉伸练习。

拓展与提示

孩子们，饭后不适宜运动，运动时需要大量血液流向四肢，进食后需要大量的血液流到胃肠道中，这时运动就会妨碍胃肠的消化，时间久了就会导致疾病。

第28课　协调和平衡游戏（二）

学练目标

通过练习，让孩子能自创简单的提高协调和平衡能力的游戏，并和家长共同练习，提升家长和孩子的身体素质。

健康加油站

孩子们，柔韧性的练习是一个长期的过程，也比较枯燥和艰难，但是我们一定要有战胜困难的勇气和决心，加油！

居家运动课堂

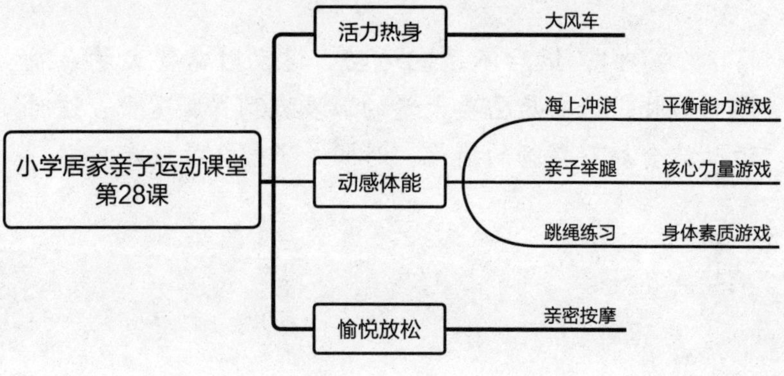

活力热身

1. 练习名称：大风车

时间/组数：1分钟/组×4组

练习方法：手持标志盘从左腿胯下绕过，再进行右腿胯下绕过，依次进行。熟练者可跳跃进行。

动感体能

2. 练习名称：海上冲浪

时间/组数：30秒/组×7组

练习方法：孩子站在体操垫的一边，家长拉着体操垫另一边向前挪动，孩子愉快冲浪。

3. 练习名称：亲子举腿

时间/组数：12次/组×6组

练习方法：孩子和家长头相对，仰卧于垫上，游戏开始，双方同时向上举腿。

4. 练习名称：跳绳练习

时间/组数：1分钟/组×3～5组

练习方法：双手握绳，两臂自然弯曲，将绳置于体后，向前摇绳。跳绳时上下肢协调配合，用力连贯。注意前脚掌着地。

愉悦放松

5. 练习名称：亲密按摩

时间/组数：3～5分钟

练习方法：家长和孩子盘膝同向而坐，轻轻拍打前面人的肩部和手臂，进行放松，然后变换方向继续进行。

拓展与提示

孩子们，大家都知道拉伸对身体很好，可是如何呼吸做拉伸最有效呢？不少人做拉伸时会下意识屏住呼吸，这会使肌肉紧张而难以伸展，因此，拉伸过程中要保持呼吸平稳，增加呼吸的深度，来促进肌肉放松和血液流动。

第29课　综合体能游戏（一）

学练目标

通过亲子综合体能练习，使孩子运用绳、球等运动器材掌握下肢力量及灵敏素质练习的基本知识和方法，能在家庭练习及游戏比赛中灵活运用，享受居家亲子运动带来的快乐。

健康加油站

孩子们，灵敏素质是人体各种运动能力在运动过程中的综合体现，良好的灵敏性有助于更快、更多、更准确、更协调地掌握运动技能。快来一起运动吧！

居家运动课堂

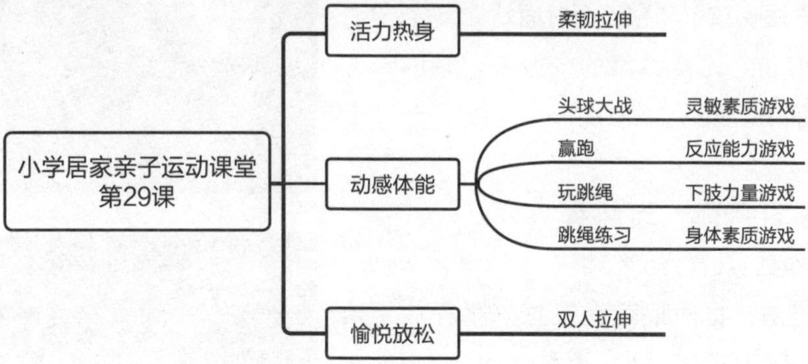

活力热身

1. 练习名称：柔韧拉伸

时间/组数： 2个8拍/组×2组

练习方法： 家长和孩子每人手持一根跳绳，两臂伸直，进行肩部及腰腹部拉伸练习。

动感体能

2. 练习名称：头球大战

时间/组数： 10次/组×5组

练习方法： 孩子和家长面对面站立，间隔2～3米，一人抛球，一人快速用前额触球。可根据实际情况增减距离调整练习难度。

3. 练习名称：赢跑

时间/组数： 10次/组×5组

练习方法： 孩子和家长面对面站立,进行“石头剪刀布”比赛，赢的一方跑，输的一方抓，练习反应和灵敏素质。

4. 练习名称：玩跳绳

时间/组数： 6次/组×5组

练习方法： 将两根跳绳拉直，平行放于地上，间隔距离约0.4米，从绳子的一端开始，做单双脚左右跳跃、前后高抬腿、小步跑等不同方式的行进间练习。

5. 练习名称：跳绳练习

时间/组数：1分钟/组×3～5组

练习方法：双手握绳，两臂自然弯曲，将绳置于体后，向前摇绳。跳绳时上下肢协调配合，用力连贯。注意前脚掌着地。

愉悦放松

6. 练习名称：双人拉伸

时间/组数：3～5分钟

练习方法：两人相向坐地，双腿伸直，进行合作拉伸练习。

拓展与提示

孩子们，除了运动前后，拉伸的时间可以安排在全天的任何时候。拉伸是一种保持轻松、帮助消除学习压力的良好方法，利用放学后看电视的时间做一做拉伸是一种不错的选择哟！

第30课　综合体能游戏（二）

学练目标

通过综合体能练习，让孩子能运用皮球、玩偶等小道具进行身体素质练习，发展灵敏、协调、力量素质，体会居家亲子运动带来的健康和乐趣，舒缓压抑紧张的心情。

健康加油站

孩子们，运动后的放松可不能少哟！因为在运动中，肌肉的毛细血管大量开放，肌肉高度紧张。如果激烈运动后立即静止不动，肌肉内淤积的血液就不能及时流回心脏，造成肌肉僵硬和疲劳。

居家运动课堂

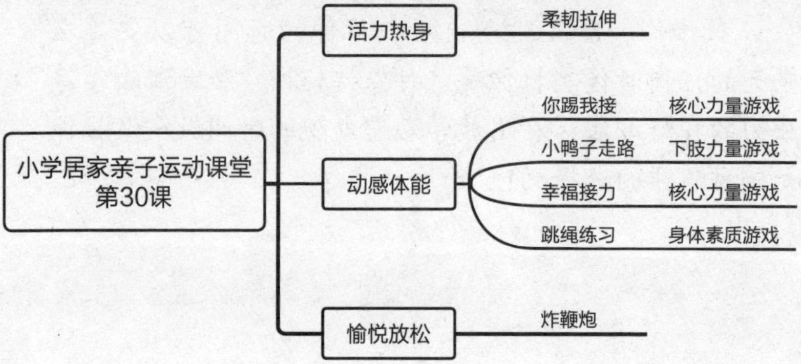

活力热身

1. 练习名称：柔韧拉伸

时间/组数：2个8拍/组×2组

练习方法：家长和孩子每人手持一根跳绳，两臂伸直，进行肩部及腰腹部拉伸练习。

动感体能

2. 练习名称：你踢我接

时间/组数：15次/组×4组

练习方法：两人间隔3～5米面对面站立，一方用脚将球踢出，另一方在球落地前快速用手将球接住。

3. 练习名称：小鸭子走路

时间/组数：15次/组×5组

练习方法：两人蹲立行走，在行走时一人将事先放好的标志物推倒，另一人将标志物立起。

4. 练习名称：幸福接力

时间/组数：10次/组×3组

练习方法：两人屈腿相对而坐，双脚离地，一人将手中的物品传递给对方，对方再传回。

5. 练习名称：跳绳练习

时间/组数： 1分钟/组×3～5组

练习方法： 双手握绳，两臂自然弯曲，将绳置于体后，向前摇绳。跳绳时上下肢协调配合，用力连贯。注意前脚掌着地。

愉悦放松

6. 练习名称：炸鞭炮

时间/组数： 3～5分钟

练习方法： 家长和孩子仰撑坐在地上，用一侧脚背拍打异侧小腿部位，1分钟后交换脚练习。

拓展与提示

孩子们，运动后要进行整理放松活动，避免肌肉过度疲劳造成酸痛和损伤。如果拉伸的部位有伤口，并伴有感染发炎（软组织炎症如毛囊炎等），那就不建议进行拉伸练习。

小学居家个人运动课堂

热爱体育　享受乐趣　个性成长

锻炼中绽放生命的光彩

第31课　速度和协调游戏

学练目标

通过多种形式的游戏练习，提高孩子的反应速度和协调能力，熟练掌握游戏方法，并能在游戏中广泛应用，提高竞争意识。

健康加油站

孩子们，居家健身是很好的运动形式哟。运动可以随时随地，原地模拟游泳姿势、跑步动作，或者居家打太极拳，做瑜伽。室内不适合做高强度的训练，日常锻炼达到微出汗就可以了。

居家运动课堂

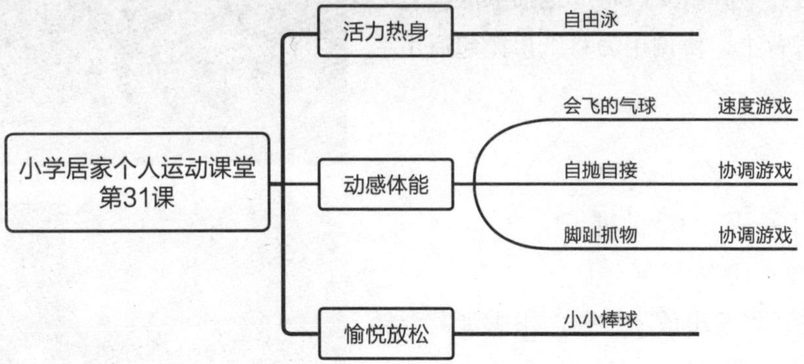

活力热身

1. 练习名称：自由泳

时间/组数： 4个8拍/组×1组

练习方法： 向前或向后肩部绕环，模仿自由泳的动作，充分活动肩部。

动感体能

2. 练习名称：会飞的气球

时间/组数： 1分钟/组×3组

练习方法： 准备一个吹足气的气球，抛起后用身体任意部位触碰球，不让其落地。

3. 练习名称：自抛自接

时间/组数： 20次/组×3组

练习方法： 一脚站立，将一包抽纸放在另一只脚的脚背上，协调用力将纸巾抛起后用手接住。

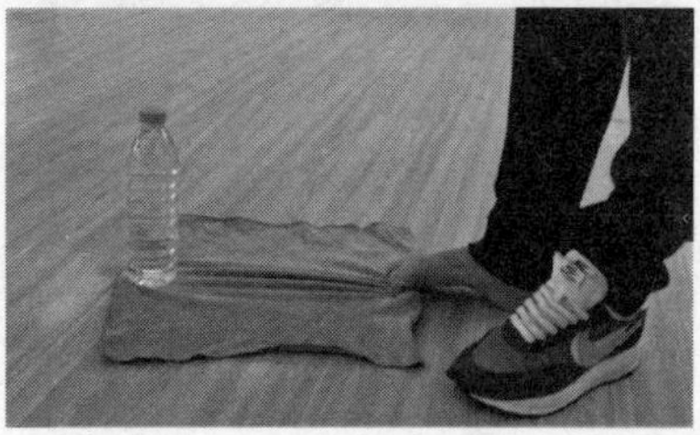

4. 练习名称：脚趾抓物

时间/组数： 10次/组×4组

练习方法： 将毛巾放于体前，用脚趾发力抓毛巾，熟练掌握后，可加大难度，增加一定重量。

愉悦放松

5. 练习名称：小小棒球

时间/组数： 1分钟

练习方法： 用空瓶、纸板等物品，从腋下、胯下击打气球，使其不落地。

拓展与提示

孩子们，剧烈运动后要做一些慢跑动作，只要你觉得你的心跳平稳了这个时候就可以停下来，再喝一些淡盐水，补充你排出的水分和所需要的盐分。

第32课　灵敏和协调游戏（一）

学练目标

通过各种方式的篮球球性练习，能够促进孩子肌肉、关节、韧带的力量发展，尤其对于发展手部的灵敏性、柔韧协调等身体素质，提高控制身体的能力。

健康加油站

孩子们，在篮球场上队友们永远是一体的，要共同对抗对手，仅凭个人的力量是远远不够的。叫上你的小伙伴，一起加入篮球运动吧！

居家运动课堂

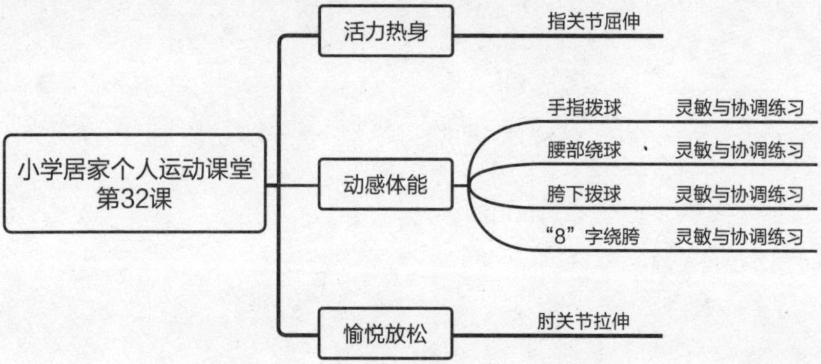

活力热身

1. 练习名称：指关节屈伸

时间/组数：4个8拍/组×1组

练习方法：双手五指张开，指腹相对，有节奏按压，充分活动指关节。

动感体能

2. 练习名称：手指拨球

时间/组数：左右各30次/组×3组

练习方法：双脚左右开立略比肩宽，双手持球于体前高于肩，小臂与地面垂直，利用手指指腹左右拨动篮球。

3. 练习名称：腰部绕球

时间/组数：20圈/组×3组

练习方法：双脚左右开立略比肩宽，双手持球于腹前，在腰部所在平面进行顺（逆）时针持球绕环。

4. 练习名称：胯下拨球

时间/组数：左右各30次/组×3组

练习方法：双脚前后开立半蹲，前脚膝盖朝前，后脚膝盖朝外，身体重心在两脚之间，两臂自然下垂，利用手指指腹左右拨动篮球。

5. 练习名称："8"字绕胯

时间/组数：10～15次/组×3组

练习方法：双脚左右开立略比肩宽，微屈膝，持球于胯下，手递手进行"8"字形线路环绕。

愉悦放松

6. 练习名称：肘关节拉伸

时间/组数：1分钟

练习方法：右手上举，肘关节朝上在体后弯曲，左手抱住右手肘关节向左侧有节奏振动拉伸，左右手交替进行。

拓展与提示

孩子们，你了解篮球的发展史吗？篮球运动起源于美国。1891年12月21日，由美国马萨诸塞州斯普林菲尔德基督教青年会训练学校体育教师詹姆士·奈史密斯发明。

第33课 灵敏和协调游戏（二）

学练目标

通过有趣的篮球球性练习，培养孩子对篮球这项运动的兴趣，为篮球基本技术动作做铺垫，同时增强手指关节小肌肉群的训练和控制能力，也有助于提高身体协调性。

健康加油站

孩子们，身体被磕碰后，大家应该立即选择冷敷的方式，可以用冷毛巾或冷水对局部进行冷敷，可以促使破裂的血管出现收缩从而减少出血和肿胀的现象发生。你记住了吗？

居家运动课堂

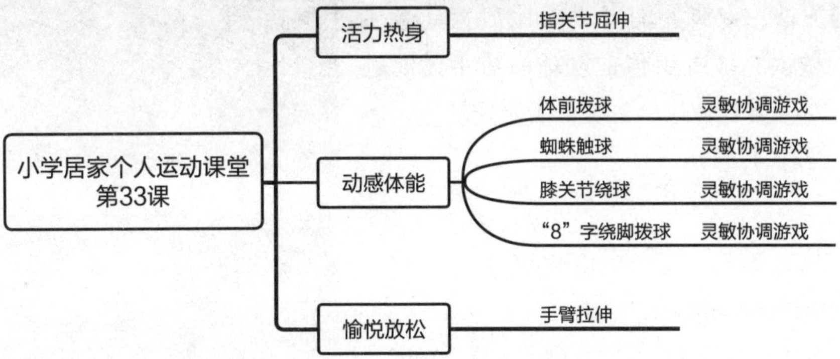

活力热身

1. 练习名称：指关节屈伸

时间/组数：4个8拍/组×1组

练习方法：双手五指张开，指腹相对，有节奏按压，充分活动指关节。

动感体能

2. 练习名称：体前拨球

时间/组数：左右各30次/组×3组

练习方法：双脚左右开立略比肩宽、微屈膝，将球置于体前地面，利用手指指腹左右拨动篮球。

3. 练习名称：蜘蛛触球

时间/组数：触球60次/组×3组

练习方法：双脚左右开立略比肩宽，微屈膝，依次完成左手体前触球、右手体前触球、左手体后触球、右手体后触球动作，循环交替练习。

4. 练习名称：膝关节绕球

时间/组数：20圈/组×3组

练习方法：双脚并拢、膝盖微屈，双手持球于膝关节前，在膝关节处手递手进行顺（逆）时针绕环。

5. 练习名称：“8”字绕脚拨球

时间/组数：10圈/组×3组

练习方法：双脚左右开立略比肩宽，微屈膝，左手拨球绕左脚逆时针环绕一圈后，换右手拨球绕右脚顺时针绕一圈，交替进行，路线呈“8”字。

愉悦放松

6. 练习名称：手臂拉伸

时间/组数：2分钟

练习方法：右臂体前直臂横举，左手小臂勾住右手小臂有节奏回拉振动，换方向拉伸。

拓展与提示

孩子们，一日三餐是我们摄入营养的主要渠道，这符合人体消化系统的生理特点。若餐间多吃零食会影响正餐时摄入食物的数量。所以要少吃零食哟！

第34课 灵敏和协调游戏（三）

学练目标

通过各种方式的足球球性练习，提高对足球与身体控制能力，促进学生大、小腿、腰腹肌肉的有序发育，并激发对足球项目的学习兴趣。

健康加油站

孩子们，喝完牛奶记得喝水，因为细菌会分解口中残留的牛奶，产生含硫化物臭味的气体，导致口气不佳。你记住了吗？

居家运动课堂

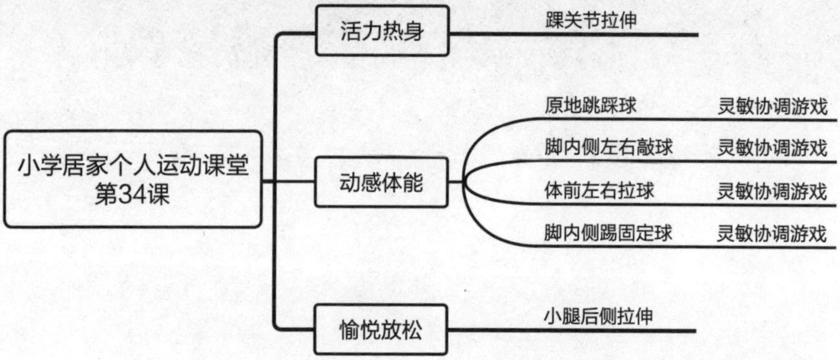

活力热身

1. 练习名称：踝关节拉伸

时间/组数：4个8拍/组×1组

练习方法：左脚支撑站立，右脚外侧着地有节奏振动，左右脚交替进行。

动感体能

2. 练习名称：原地跳踩球

时间/组数：左右各30次/组×3组

练习方法：足球置于体前地面，左右脚脚掌交替踩球。

3. 练习名称：脚内侧左右敲球

时间/组数：左右各30次/组×3组

练习方法：足球置于两脚之间，利用脚内侧交替敲击球，使球左右滚动。

4. 练习名称：体前左右拉球

时间/组数：左右各20次/组×3组

练习方法：右脚支撑站立，左脚脚掌踩球向右拉球，左脚落地支撑，同时右脚脚掌踩球向左拉球，交替进行。

5. 练习名称：脚内侧踢固定球

时间/组数：左右各15次/组×3组

练习方法：足球置于墙角，左脚在距足球一拳远左侧支撑站立，右脚膝盖微屈、脚尖外展微勾起、踝关节固定，右脚内侧由后向前踢足球后部。

愉悦放松

6. 练习名称：小腿后侧拉伸

时间/组数：2分钟

练习方法：右脚体前勾脚尖站立，上体前屈，双手触脚尖，拉伸右腿后侧，左右脚交替进行。

拓展与提示

孩子们，足球运动是一项古老的体育活动，源远流长。最早起源于中国古代的一种球类游戏“蹴鞠”，后来经过阿拉伯人传到欧洲，发展成现代足球。你知道了吗？

第35课　灵敏和协调游戏（四）

学练目标

通过多种形式的足球球性练习，增加孩子对足球学习的兴趣，掌握足球基本技术动作。发展灵敏及协调身体素质，培养良好的运动习惯。

健康加油站

孩子们，你们知道运动间歇 3 分钟吗？很多人都有运动时上气不接下气的经历，这时应稍微歇歇，其实只要短暂的 3 分钟，人的肌肉就能完成足够的能量补充，以备下一次运动使用。

居家运动课堂

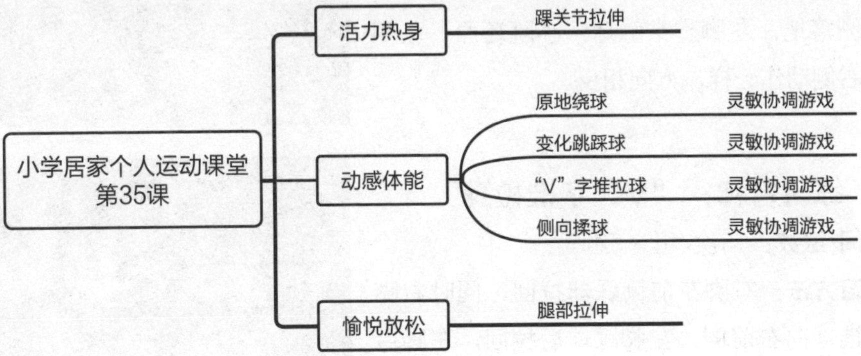

活力热身

1. 练习名称：踝关节拉伸

时间/组数：4个8拍/组×1组

练习方法：左脚支撑站立，右脚外侧着地有节奏振动，左右脚交替进行。

动感体能

2. 练习名称：原地绕球

时间/组数：左右各15次/组×3组

练习方法：足球置于体前，降低重心，左右脚交替绕圈，根据熟练程度逐渐加快速度。

3. 练习名称：变化跳踩球

时间/组数：踩球60次/组×3组

练习方法：右脚踩球于体前，小跳后在球右前侧落地，左脚脚掌触球，小跳还原，左侧与右侧动作一样，方向相反。

4. 练习名称：“V”字推拉球

时间/组数：15次/组×3组

练习方法：右脚左前侧踩球拉回，同时右脚弓推球向右前侧；左脚踩球后拉回，左脚弓推向左前侧为完成一次完整练习。

5. 练习名称：侧向揉球

时间/组数：左右各15次/组×3组

练习方法：一脚支撑站立，另一脚在体侧踩球，利用脚掌左右揉动足球，揉球过程中脚掌与球不分离。

愉悦放松

6. 练习名称：腿部拉伸

时间/组数：10秒交换/组×4组

练习方法：单脚站立，手握住同侧脚，脚背向后拉伸。

拓展与提示

孩子们，冬季体能锻炼，可以使血液循环加速，增加身体产生的热量，提高御寒能力。所以坚持冬季锻炼的人，抗寒能力比一般人要强。

第36课　灵敏和力量游戏

学练目标

通过体能练习，使孩子能掌握利用矿泉水瓶锻炼腰腹力量和身体灵敏性的练习方法和动作要领，使孩子在体能练习中增强体质，塑造品格。

健康加油站

孩子们，冬季在户外运动时要注意保暖，不可穿得太薄。要注意观察肌肉的反应，如肌肉的硬度、韧性、弹力、疲劳程度，肌肉拉伤后重新参加训练时要循序渐进，勿操之过急，并要加强局部保护，防止再度拉伤。

居家运动课堂

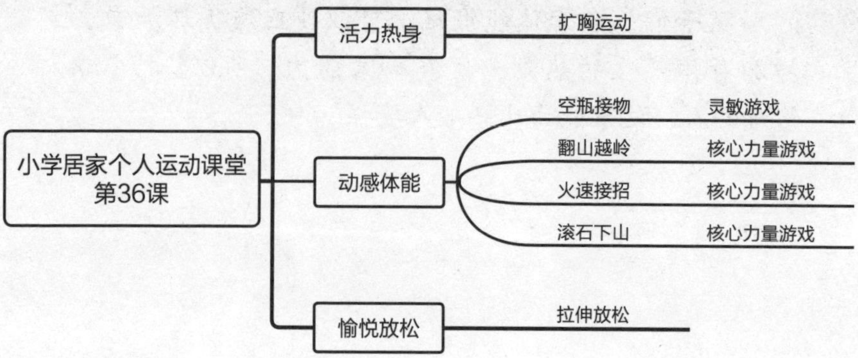

活力热身

1. 练习名称：扩胸运动

时间/组数：1个8拍/组×8组

练习方法：扩胸运动1～2拍两臂向前，掌背相对，低头含胸，3～4拍两臂经体前至斜下方，掌心向前，抬头挺胸。

动感体能

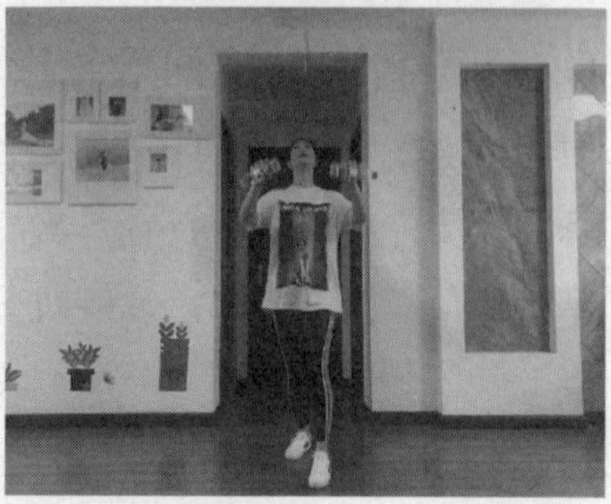

2. 练习名称：空瓶接物

时间/组数：20次/组×3组

练习方法：双手持空矿泉水瓶夹住一张纸板，双腿屈膝蹬地，双手将纸板抛出，落地前持水瓶迅速接住。

3. 练习名称：翻山越岭

时间/组数：正反4次/组×3组

练习方法：将5个水瓶间隔0.4米放在一条直线上，双手俯撑于地面，通过左右手交换越过障碍物横向移动身体，移动时尽量不触碰障碍物。

4. 练习名称：火速接招

时间/组数：左右3次/组×3组

练习方法：屈腿坐于地面，双脚离地，腹部收紧，控制身体平衡，手持水瓶从膝下、背部进行绕接，绕接时尽量保持身体不晃动。

5. 练习名称：滚石下山

时间/组数：15次/组×3组

练习方法：双腿并拢，屈膝坐于地面，将装满水的矿泉水瓶置于脚背处，双手撑地，身体后倒，双腿伸直向上抬起，使水瓶下滚至髋关节处。

愉悦放松

6. 练习名称：拉伸放松

时间/组数：3～5分钟

练习方法：双腿开立与肩同宽，两臂上举，掌心向前，脚尖着地，身体向上做拉伸动作时下肢做小碎步移动。

拓展与提示

孩子们，运动比赛后，应做好放松活动，从而尽快恢复体力和肌肉力量。其方法是对身体各部分进行放松性的抖动、拍打，双人合作互相按摩等。

第37课　力量和协调游戏（一）

学练目标

通过趣味游戏练习的方式，让孩子掌握协调能力的基本练习方法，在家庭练习及游戏比赛中灵活运用，提高身体协调性和力量素质。

健康加油站

孩子们，每次锻炼尽可能安排在同一时间，这样可以使你养成良好的运动习惯，有助于身体内脏器官形成条件反射。体力最佳的时间一般在 15:00—20:00 之间，可以考虑作为主要锻炼时间，叫上家人，一起动起来吧！

居家运动课堂

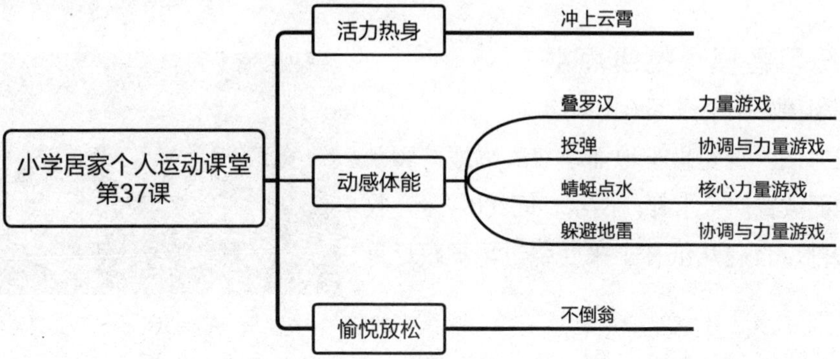

活力热身

1. 练习名称：冲上云霄

时间/组数： 1分钟

练习方法： 双手合十向上伸展，拉伸肩部。

动感体能

2. 练习名称：叠罗汉

时间/组数： 3轮/组×3组

练习方法： 体前放6个纸杯，直臂俯卧支撑准备，交替换手将纸杯搭成金字塔形状，堆积并还原为1轮。

3. 练习名称：投弹

时间/组数： 4轮/组×3组

练习方法： 地面放置5个纸杯，用双脚依次夹住，起跳后往前抛出，尽量抛远，5次为1轮。

4. 练习名称：蜻蜓点水

时间/组数： 5个来回/组×3组

练习方法： 直腿坐于地面，双脚离地，脚踝处地面放置两个水杯，两水杯间约0.4米，收紧腹部，直腿从纸杯上来回绕过，脚跟尽量不着地。

5. 练习名称：躲避地雷

时间/组数： 4轮/组×3组

练习方法： 地面放置三个纸杯，单脚侧向从纸杯上跳过，跳跃轻巧不碰纸杯，换脚跳回为1轮。

愉悦放松

6. 练习名称：不倒翁

时间/组数： 1分钟

练习方法： 将纸杯放于头顶，行走过程中保持身体平衡，纸杯不掉。

拓展与提示

孩子们，跳绳可不只一种方法，跳绳有单脚跳、单脚换跳、双脚并跳、双脚空中前后与左右分跳等多种方法。已经会跳的宝贝们可以学一学花样跳绳，体会其中的乐趣吧！

第38课　力量和协调游戏（二）

学练目标

通过练习，让孩子了解力量和协调能力练习的知识，在游戏中享受运动的乐趣，能够掌握更多有趣的练习方法，并尝试创编组合动作。

健康加油站

孩子们，运动时，不少人认为应该穿着“舒适透气”的纯棉服装。事实上纯棉质地的服装只能吸汗并不透气，不适宜运动时穿着。正确的做法是选择那些透气性相对较好的服装材质，如聚丙烯材质的服装等。

居家运动课堂

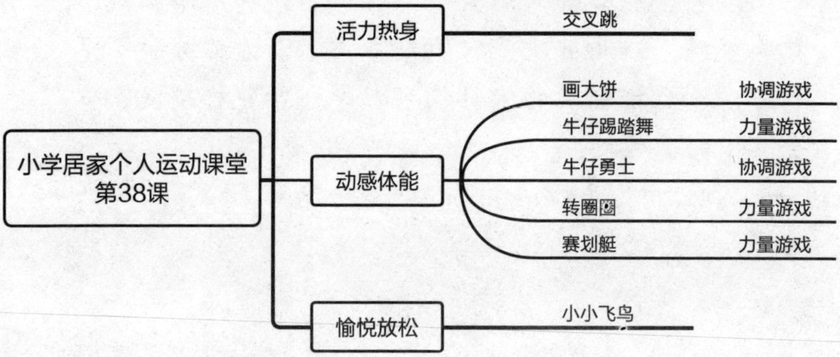

活力热身

1. 练习名称：交叉跳

时间/组数：1分钟

练习方法：双脚开立，手臂伸直侧平举。练习时，手脚同时交叉或打开进行跳跃。

动感体能

2. 练习名称：画大饼

时间/组数：左右各20次/组×3组

练习方法：同侧上下肢同步以髋关节为轴，做提膝—转髋—挥臂“画圈”的练习。手脚协同，手臂引领膝与髋的运动。

3. 练习名称：牛仔踢踏舞

时间/组数：30次/组×3组

练习方法：练习时，两腿伸直双脚向前做跳跃踢腿，同时双臂屈肘做连续的夹肘运动。

4. 练习名称：牛仔勇士

时间/组数：30次/组×3组

练习方法：两腿伸直，双脚向侧前方交替跳跃踢腿，同时双手体前交叉手肘带动手腕上下抖动，模仿骑马舞。

5. 练习名称：转圈圈

时间/组数： 15圈/组×3组

练习方法： 屈髋收腿坐于地面，腰背立直，抬起双脚，核心收紧，保持身体稳定的同时，双手连续于膝关节处传递轻物。

6. 练习名称：赛划艇

时间/组数： 15次/组×3组

练习方法： 准备姿势同上一练习。双脚夹住一包轻物，做折叠收腿的练习。充分屈髋折叠，尽量保持身体稳定。

愉悦放松

7. 练习名称：小小飞鸟

时间/组数： 1分钟

练习方法： 舒展全身，模仿小鸟张开翅膀飞翔的姿势，张开时吸气，落下时呼气。

拓展与提示

孩子们，眼睑是眼睛最好的按摩师，特意眨眼并转动眼球10次，一天重复若干次，有助于清洁眼睛并能缓解眼部疲劳。

第39课　柔韧和协调游戏

学练目标

通过各种方式的趣味练习，让孩子掌握灵敏与力量游戏的基本知识和练习方法，在游戏中享受运动乐趣，并能够在今后的锻炼中加以应用，为终身体育打下基础。

健康加油站

孩子们，理想的早餐是富含蛋白质、碳水化合物以及纤维素的早餐。

居家运动课堂

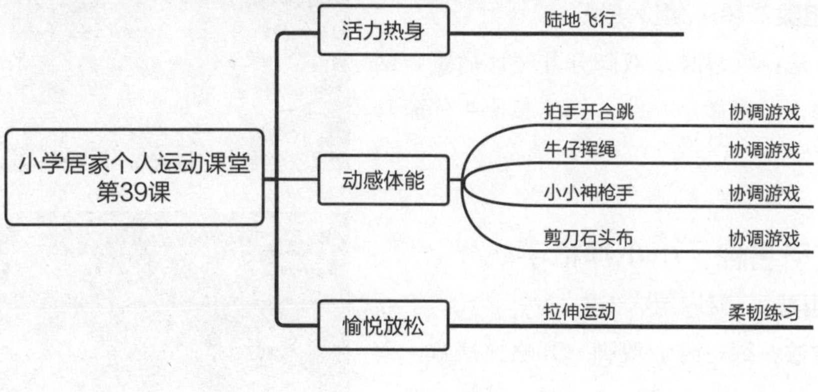

活力热身

1. 练习名称：陆地飞行

时间/组数： 2分钟

练习方法： 双臂伸直，以肩关节为轴交叉画圆，速度由慢到快，力量由轻到重，充分活动肩关节。

动感体能

2. 练习名称：拍手开合跳

时间/组数： 30次/组×3组

练习方法： 两脚分开与肩同宽，双手置于体侧；双脚交替跳跃，一腿向后折叠的同时双手击掌一次。

3. 练习名称：牛仔挥绳

时间/组数： 40次/组×3组

练习方法： 练习时，双脚分开略比肩宽，两手握拳，同时做小马跳，模仿草原牛仔骑马的动作。

4. 练习名称：小小神枪手

时间/组数： 40秒/组×3组

练习方法： 练习时，双脚分开略比肩宽，双手屈臂于体前，双脚快速交替点地的同时，双手模仿解放军战士双枪射击的动作。

5. 练习名称：剪刀石头布

时间/组数：10次/组×3组

练习方法：双手俯撑于地面，双脚打开为“布”，并拢为“石头”，交替步为“剪刀”。练习时，石头、剪刀、布三个动作快速交替进行，完成三个动作为一次练习。

愉悦放松

6. 练习名称：拉伸运动

时间/组数：2分钟

练习方法：双脚打开略宽于肩，身体放松，自然深呼吸，并配合简单拉伸练习。

拓展与提示

孩子们，运动后立即洗澡会导致心脏和脑部供血不足，以致头晕眼花浑身无力，还会由于身上的乳酸积累过多导致全身酸痛，所以运动后不能立即洗澡。

第40课　综合体能游戏（一）

学练目标

通过各种方式的综合体能练习，让孩子能了解协调性、力量和肺活量练习的基本知识和方法，在游戏中享受运动的乐趣，从而提升相关身体素质。

健康加油站

孩子们，你们知道马拉松吗？马拉松是国际上非常普及的长跑比赛项目，全程距离 26 英里 385 码，约为 42.195 千米。

居家运动课堂

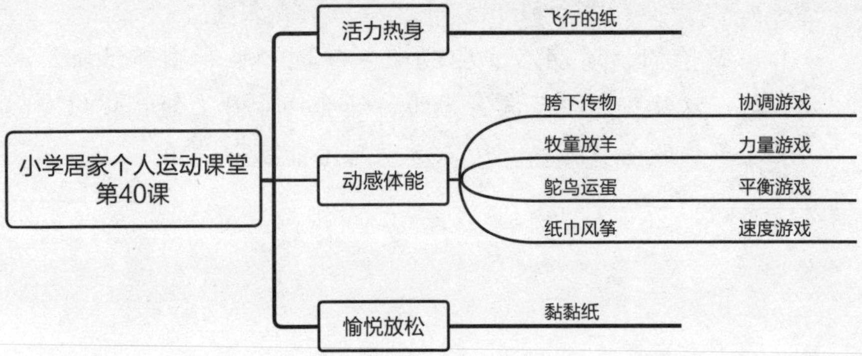

活力热身

1. 练习名称：飞行的纸

时间/组数： 1分钟

练习方法： 将纸巾向上抛，利用纸巾在空中滞空时间，快速完成数次击掌或者旋转身体后接住纸巾。

动感体能

2. 练习名称：胯下传物

时间/组数： 30轮/组×3组

练习方法： 双脚做交换腿跳，连续进行胯下传接纸巾。

3. 练习名称：牧童放羊

时间/组数： 40秒/组×3组

练习方法： 体前放置一张纸巾，俯撑于地面，膝盖不着地，将纸巾向前吹动。

4. 练习名称：鸵鸟运蛋

时间/组数： 40秒/组×3组

练习方法： 背部放置一包纸巾，双手扶住膝盖保持身体平衡，慢慢向前行进，保持纸巾不掉落。

5. 练习名称：纸巾风筝

时间/组数：4轮/组×3组

练习方法：取一张纸巾放于掌心或胸前，向前跑动，利用惯性使纸巾不掉落。

愉悦放松

6. 练习名称：黏黏纸

时间/组数：8秒/组×5组

练习方法：取一张纸巾放在墙上，对着纸巾吹气，尽量保持纸巾不掉落。

拓展与提示

孩子们，运动并不是必须找专门的时间活动哟！放弃电梯爬楼梯、放弃公交步行到校也是很棒的运动方式哟！

第41课　综合体能游戏（二）

学练目标

通过各种形式的体能练习，让孩子能运用自制纸球掌握上肢、下肢、腰腹及身体灵敏性练习的方法。发展体能，增强体质，为形成终身体育观念奠定良好的基础。

健康加油站

孩子们，剧烈运动时，体内盐分大量流失，饮水过多会使血液的渗透压降低，破坏体内水盐代谢平衡，影响人体正常生理功能。因此，运动中和运动后不可大量饮水。你记住了吗？

居家运动课堂

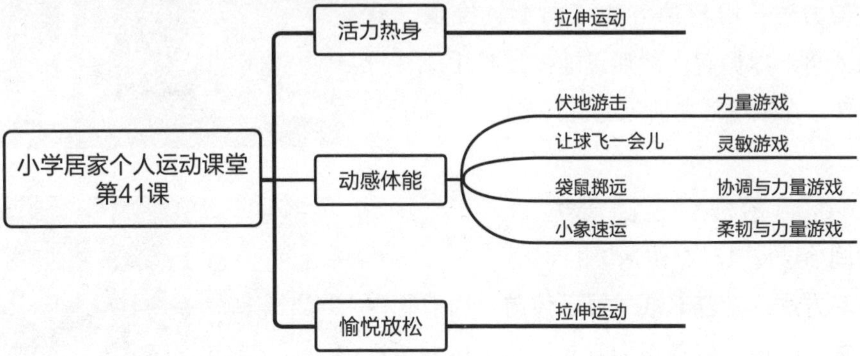

活力热身

1. 练习名称：拉伸运动

时间/组数： 1个8拍/组×8组

练习方法： 双腿开立稍宽于肩，两臂侧平举，做肩部向左（右）移动的拉伸动作。

动感体能

2. 练习名称：伏地游击

时间/组数： 15次/组×3组

练习方法： 将若干纸球置于体前，双手俯撑于地面，左右手交替将纸球投入筐内，投球时尽量保持身体呈一条直线。

3. 练习名称：让球飞一会儿

时间/组数： 20次/组×3组

练习方法： 用各种方式（向上、绕膝、背向）将纸球抛起，然后迅速做出拍手或转身动作，在纸球落地前迅速将其接住。

4. 练习名称：袋鼠掷远

时间/组数： 15次/组×3组

练习方法： 将若干纸球置于体前，用双脚内侧夹住纸球，双腿用力跳起，将纸球抛至目标线外。

5. 练习名称：小象速运

时间/组数：15次/组×3组

练习方法：屈腿坐于地面，脚踝夹住纸球后身体向后倒，双腿伸直，双手压垫，利用身体后倒的惯性，将纸球运至头上方。

愉悦放松

6. 练习名称：拉伸运动

时间/组数：3～5分钟

练习方法：单脚站立，手握住同侧脚，脚背向后拉伸。

拓展与提示

少年儿童不宜过早地进行力量性练习。12~15岁时，肌肉的生长和肌肉力量增长较快，可采用一些较轻的负重练习来发展肌肉力量。

第42课　综合体能游戏（三）

学练目标

通过趣味体能练习，让孩子运用书本掌握趣味、有效、可行的居家游戏和方法，提高身体素质和运动能力。

健康加油站

孩子们，运动不仅是身体的锻炼，也是心理的锻炼。人的情绪直接影响着身体的机能，不要在情绪不好的时候剧烈运动。享受运动带来的乐趣，快快动起来吧！

居家运动课堂

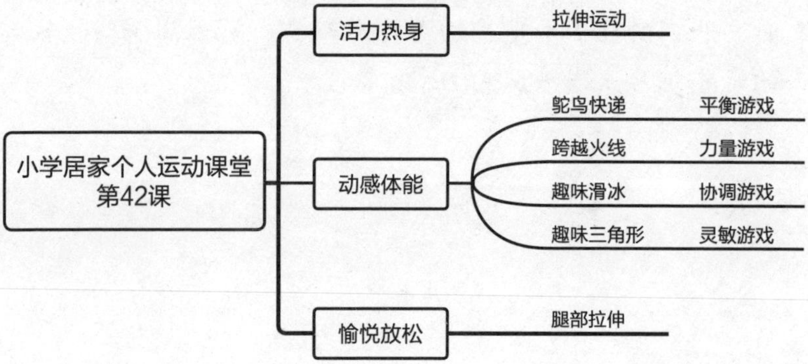

活力热身

1. 练习名称：拉伸运动

时间/组数：1个8拍/组×8组

练习方法：双腿开立稍宽于肩，两臂侧平举，做肩部向左（右）移动的拉伸动作。

动感体能

2. 练习名称：鸵鸟快递

时间/组数：40秒/组×3组

练习方法：身体弯曲，在背部放置一本书，双手抓住同侧脚踝，慢慢向前行走，保持书本不掉落。

3. 练习名称：跨越火线

时间/组数：40次/组×3组

练习方法：将书本立于地面，置于双脚的一侧，双手支撑于地面，双腿并拢弯曲，蹬地收腹双脚越过书本，左右依次循环，保持身体平衡。

4. 练习名称：趣味滑冰

时间/组数：20次/组×3组

练习方法：双脚左右开立，左右移动身体重心做侧弓步练习，同时将事先准备好的书（或纸张等）依次放置在体前两侧，并收回，为一次完整练习。

5. 练习名称：趣味三角形

时间/组数：4米往返/组×3组

练习方法：准备好三本书，通过手脚协调配合移动书本，进行横向移动，移动过程中，要求书本成三角形，身体部位不能接触地面。

愉悦放松

6. 练习名称：腿部拉伸

时间/组数：3～5分钟

练习方法：右脚支撑于地面，左手抓住左脚脚踝，使左脚脚尖贴在右腿膝关节内侧，右手侧平举，保持身体平衡，拉伸1分钟以后，交换方向。

拓展与提示

孩子们，民间有句俗话叫“饱洗澡饿剃头”，这也是一种不正确的生活习惯。饭后洗澡，体表血流量就会增加，胃肠道的血流量便会相应减少，从而使肠胃的消化功能减弱，引起消化不良。

第43课　综合体能游戏（四）

学练目标

通过趣味体能练习，让孩子能运用纸杯掌握腰腹力量、下肢力量和肺活量练习的基本方法，在居家练习及游戏比赛中享受居家运动带来的乐趣。

健康加油站

孩子们，运动前的热身和运动后的放松都非常重要。运动之前做好热身活动，使身体慢慢地进入状态。运动之后可以适当做一些腹部及下肢拉伸的动作，以缓解肌肉疼痛，你记住了吗？

居家运动课堂

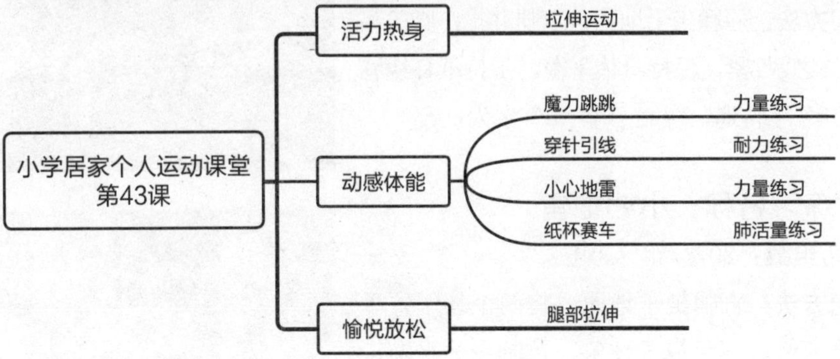

活力热身

1. 练习名称：拉伸运动

时间/组数：1个8拍/组×8组

练习方法：双腿开立稍宽于肩，两臂侧平举，做肩部向左（右）移动的拉伸动作。

动感体能

2. 练习名称：魔力跳跳

时间/组数：3个动作/组×3组

练习方法：将5～10个纸杯放置在一条水平线上，纸杯间隔约0.5米。从纸杯一侧开始，分别用双脚连续跳（开合跳、双脚左右跳）通过障碍物。

3. 练习名称：穿针引线

时间/组数：40次/组×3组

练习方法：屈膝坐于地面，双腿并拢，脚尖离地，腰腹收紧，保持身体平衡，手持纸杯绕膝做“8”字传递，绕完一个“8”字为1次。

4. 练习名称：小心地雷

时间/组数：20次/组×3组

练习方法：直腿坐于地面，将两个杯子置于脚踝两侧，双手放于体侧，控制身体平衡，抬起左（右）脚直腿绕过纸杯，脚尖绷直，落地轻巧。

5. 练习名称：纸杯赛车

时间/组数： 2米/组×3组

练习方法： 将两个纸杯倒扣在地面上，调整为最舒适的姿势，用嘴吹气，使纸杯以最快的速度稳定向前移动。

愉悦放松

6. 练习名称：腿部拉伸

时间/组数： 3～5分钟

练习方法： 右脚支撑于地面，左手抓住左脚脚踝，使左脚脚尖贴在右腿膝关节内侧，右手侧平举，保持身体平衡，拉伸1分钟以后，交换方向。

拓展与提示

孩子们，你们知道以下食物吃了会使人快乐么？如深海鱼、香蕉、葡萄柚、全麦面包、菠菜、大蒜、南瓜、低脂牛奶、鸡肉、樱桃等。有机会可以试一下哟！

第44课 综合体能游戏（五）

学练目标

通过下肢及核心部位力量练习，使孩子能巧用“居家器材——鞋子”做不同形式的趣味体能练习，掌握练习方法和动作要领，发展下肢及核心力量。

健康加油站

孩子们，进餐后胃肠需要较多的血液帮助食物消化和吸收养分，如果餐后运动，血液就会流向四肢，妨碍胃肠的消化，长期餐后运动容易得盲肠炎。你知道了吗？

居家运动课堂

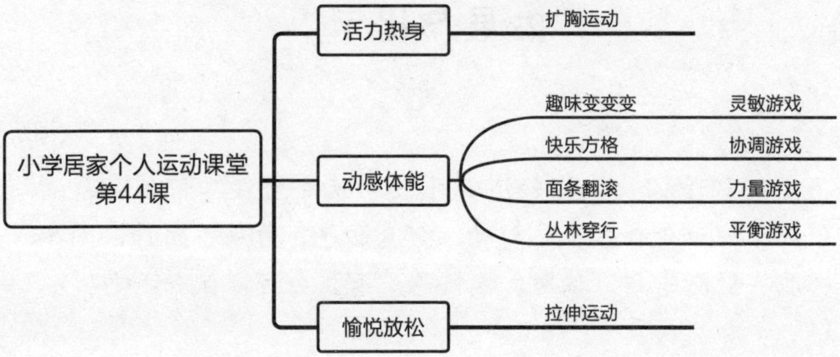

活力热身

1. 练习名称：扩胸运动

时间/组数： 1个8拍/组×8组

练习方法： 扩胸运动1～2拍两臂向前，掌背相对，低头含胸，3～4拍两臂经体前至斜下方，掌心向前，抬头挺胸。

动感体能

2. 练习名称：趣味变变变

时间/组数： 10次/组×3组

练习方法： 将若干双鞋子放置在一条线上，自主设计鞋子的单双和方向，根据鞋子的单双做单（双）脚跳跃，落地时脚尖方向与鞋子方向保持一致。

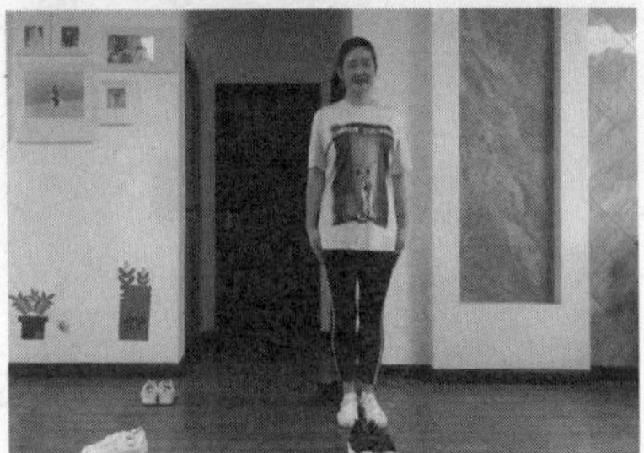

3. 练习名称：快乐方格

时间/组数： 正反4次/组×3组

练习方法： 将四双鞋子摆放成正方形，根据鞋子的方向在正方形上做顺时针和逆时针的双脚跳跃动作。

4. 练习名称：面条翻滚

时间/组数： 左右3次/组×3组

练习方法： 将若干双鞋子放置成障碍，俯撑在障碍物上方做左（右）翻滚支撑，翻滚时，身体尽量保持一条直线，不触碰障碍物。

5. 练习名称：丛林穿行

时间/组数：8次/组×3组

练习方法：将若干只鞋子摆成障碍，障碍间隔约0.5米，从障碍物一端开始做“S”绕行动作，绕行时要求身体全蹲，前脚掌着地，双手抓住同侧脚踝。

愉悦放松

6. 练习名称：拉伸运动

时间/组数：3～5分钟

练习方法：双腿开立与肩同宽，两臂上举，十指交叉，掌心向上，脚尖着地，身体向上做拉伸动作时下肢做小碎步移动。

拓展与提示

孩子们，每天早上起床刷一次牙，晚上睡前也要刷一次牙。牙刷可以买软毛的，刷牙时用温水，对牙齿的伤害较小。

第45课　综合体能游戏（六）

学练目标

通过各种方式的体能练习，让孩子掌握基本的练习方法，增强力量，同时为发展其他的素质，形成自己的运动爱好及特长打下基础，逐步培养个人运动习惯。

健康加油站

孩子们，你了解自己的身体状况吗？根据自己过去的疾病、家族遗传、医生建议，以及心理状态选择适合的运动才好。

居家运动课堂

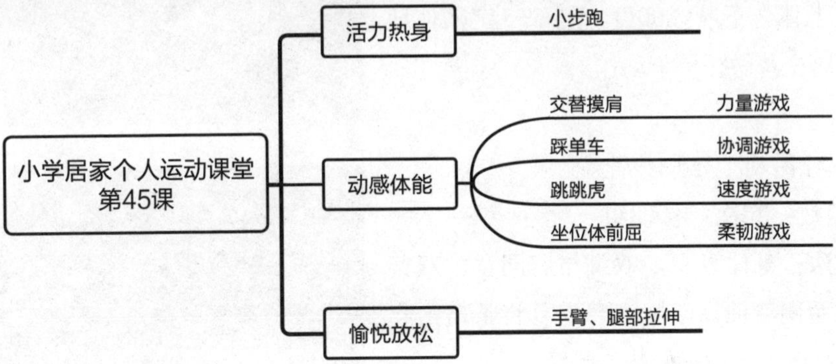

活力热身

1. 练习名称：小步跑

时间/组数： 1分钟/组×2组

练习方法： 原地小步跑，要求前脚掌着地，手脚协调配合，频率可由慢到快过渡。

动感体能

2. 练习名称：交替摸肩

时间/组数： 30次/组×3组

练习方法： 俯卧撑姿势，两手依次用指尖触摸异侧肩部。保持身体在一条线上。

3. 练习名称：踩单车

时间/组数： 30次/组×3组

练习方法： 仰卧于垫子上，双手放在身体两侧，上体与下肢成90度，腰部一定贴住地面，双脚交替做踩单车动作。

4. 练习名称：跳跳虎

时间/组数： 30次/组×3组

练习方法： 身体直立，双脚与肩同宽，双臂在身体两侧弯曲。双腿交替重复将膝盖抬起至腰部高度，支撑脚做垫步跳跃。

5. 练习名称：坐位体前屈

时间/组数： 4个8拍/组×3组

练习方法： 平坐在地上，两腿并拢伸直，脚掌立直，身体前屈，手臂前伸，手指尽可能摸脚尖，注意匀速发力，膝关节伸直。

愉悦放松

6. 练习名称：手臂、腿部拉伸

时间/组数： 10秒交换/组×4组

练习方法： 单膝跪在垫子上进行腿部拉伸，让身体得到充分的放松。

拓展与提示

孩子们，儿童不宜吃皮蛋哟！皮蛋在加工过程中加入一种氧化铅的物质，多吃可能会对身体有不良影响，一定要注意哟！

第46课　综合体能游戏（七）

学练目标

通过各种方式的体能练习，让孩子能掌握个人身体素质练习的基本知识和基本练习方法，发展身体的上肢力量、核心力量，培养自信、勇敢、坚强的优秀品质。

健康加油站

孩子们,小学阶段是思想萌芽阶段,也是身体生长的关键时期，饮食营养的合理搭配有助于补充每天所需要的能量，有助于小学生的身体发育。你记住了吗?

居家运动课堂

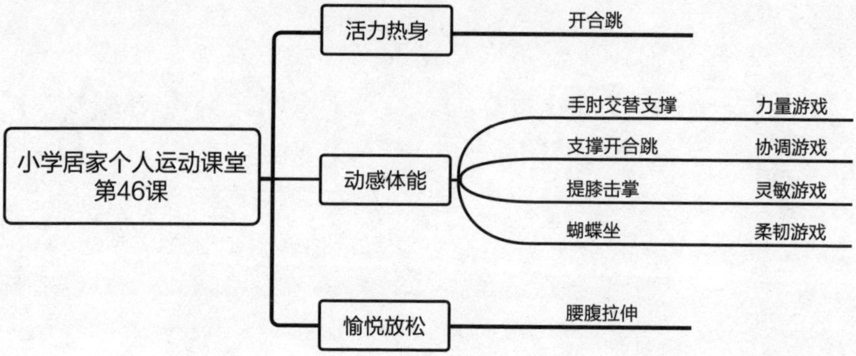

活力热身

1. 练习名称：开合跳

时间/组数：6个8拍/组×3组

练习方法：挺胸收腹，腰背平直，落地时膝关节自然微屈缓冲，两腿跳成分开时两臂侧平举、两腿跳成并拢时两臂放于体侧。

动感体能

2. 练习名称：手肘交替支撑

时间/组数：15次/组×3组

练习方法：身体呈俯撑姿势，依次进行手肘与手掌交替支撑练习。保持身体呈一条直线。

3. 练习名称：支撑开合跳

时间/组数：25次/组×3组

练习方法：身体呈俯撑姿势，双脚进行开合跳，两脚打开的宽度与肩同宽或稍宽于肩。

4. 练习名称：提膝击掌

时间/组数：30次/组×3组

练习方法：双腿交替抬膝至腰部高度，双手在抬起腿下完成击掌，支撑脚做垫步跳跃。

5. 练习名称：蝴蝶坐

时间/组数： 4个8拍/组×3组

练习方法： 坐在地上，脚掌相对，保持上体直立，双手扶脚背，做模仿蝴蝶振动翅膀状态时的一个动作。

愉悦放松

6. 练习名称：腰腹拉伸

时间/组数： 10秒交换/组×4组

练习方法： 将身体俯撑在垫子上，对腰腹进行拉伸放松。

拓展与提示

孩子们，当人体缺乏维素A时，皮肤会变得干燥，蛋类、猪肝、黄豆、花生富含维生素A，可以多吃哟！

第47课　综合体能游戏（八）

学练目标

通过各种方式的俯撑、跳跃、拉伸练习，发展孩子的体能，增进健康，增强体质。

健康加油站

孩子们，健康是指人体各器官系统发育良好，体质健康，功能正常，精力充沛。通常用人体测量、体能检查和各种生理指标来衡量。

居家运动课堂

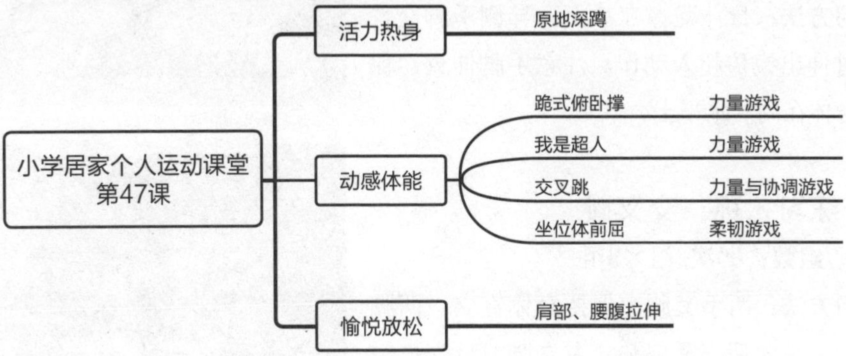

活力热身

1. 练习名称：原地深蹲

时间/组数： 4个8拍/组×2组

练习方法： 两脚与肩同宽，挺胸收腹，立腰，做原地蹲起动作，手臂平举和侧平举交替进行。

动感体能

2. 练习名称：跪式俯卧撑

时间/组数： 15次/组×3组

练习方法： 跪式俯卧撑，推起时迅速发力将上体推离地面。注意后脑勺、颈、背在一条线上。

3. 练习名称：我是超人

时间/组数： 20次/组×3组

练习方法： 身体跪撑在垫上，异侧手脚交替同时伸出模仿超人动作。注意手脚伸直，保持身体在同一水平上。

4. 练习名称：交叉跳

时间/组数： 30次/组×3组

练习方法： 两手叉腰，保持身体直立。两脚跳起，呈前后交叉姿势，左右脚前后交换完成练习。注意脚后跟不着地。

5. 练习名称：坐位体前屈

时间/组数：4个8拍/组×3组

练习方法：平坐在地上，两腿并拢伸直，脚掌立直，身体前屈，手臂前伸，手指尽可能摸脚尖，注意匀速发力，膝关节伸直。

愉悦放松

6. 练习名称：肩部、腰腹拉伸

时间/组数：10秒交替/组×4组

练习方法：将身体跪式俯撑在垫上，充分拉伸肩部和腰腹，缓解运动疲劳和预防运动损伤。

拓展与提示

孩子们，你们知道如何保护好自己的听力吗？不随意掏耳朵、远离高分贝声音、不拍打耳朵、保持耳朵的清洁，都是保护听力的好方法。

第48课 综合体能游戏（九）

学练目标

通过各种形式的综合体能练习，让孩子掌握多种体能练习的方法，发展力量、灵敏协调等素质，培养科学锻炼的习惯，享受运动带来的乐趣。

健康加油站

孩子们，你知道核心力量练习的好处有哪些吗？核心力量练习具有稳定脊柱、骨盆，改善控制力和平衡性，提高能量输出，提高肢体协调工作效率，预防运动中的损伤等作用。

居家运动课堂

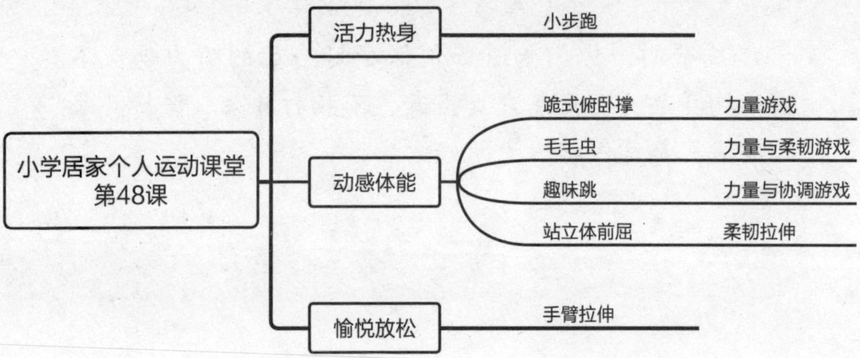

活力热身

1. 练习名称：小步跑

时间/组数： 1分钟/组×2组

练习方法： 原地小步跑，要求前脚掌着地，手脚协调配合，频率可由慢到快过渡。

动感体能

2. 练习名称：跪式俯卧撑

时间/组数： 15次/组×3组

练习方法： 跪式俯卧撑，推起时迅速发力将上体推离地面。注意后脑勺、颈、背在一条线上。

3. 练习名称：毛毛虫

时间/组数： 10次/组×3组

练习方法： 由站立体前屈开始，两手依次向前爬成俯撑姿势，再还原成站立姿势。注意两腿伸直，收紧腹部。

4. 练习名称：趣味跳

时间/组数： 30次/组×3组

练习方法： 原地站立，两手叉腰，双脚并拢前后开合或交叉跳动。注意脚后跟不着地，动作连贯、协调。

5. 练习名称：站立体前屈

时间/组数： 4个8拍/组×3组

练习方法： 两脚并拢站立，双手手指并拢向下，身体前屈，同时两臂直臂向下伸，掌心尽可能触及脚背或地面，注意匀速发力，两腿伸直。

愉悦放松

6. 练习名称：手臂拉伸

时间/组数： 10秒交换/组×4组

练习方法： 盘腿坐在垫子上进行手臂拉伸，让身体得到充分的放松。

拓展与提示

孩子们，拉伸很有好处，拉伸关节周围的韧带肌腱，会增加其柔韧性，以后同样的外力扭转、屈伸，都不容易导致关节损伤。拉伸以后，关节韧带的柔韧性变好，关节活动幅度会增加。你知道了吗？

第49课　综合体能游戏（十）

学练目标

通过综合体能练习，发展孩子的上肢、下肢、核心力量等素质；提高身体协调性，培养不畏艰难的意志品质和积极向上的乐观精神，享受完成体育运动带来的成就感。

健康加油站

孩子们，擦伤多是因表皮组织受急剧摩擦引起的。如果伤口较浅，可用生理盐水洗净伤口，涂抹碘伏，不用包扎，使伤口干燥，几天就可以痊愈了。如果伤口较深，则需要及时到医院注射破伤风抗毒血清，并进行相应的治疗。

居家运动课堂

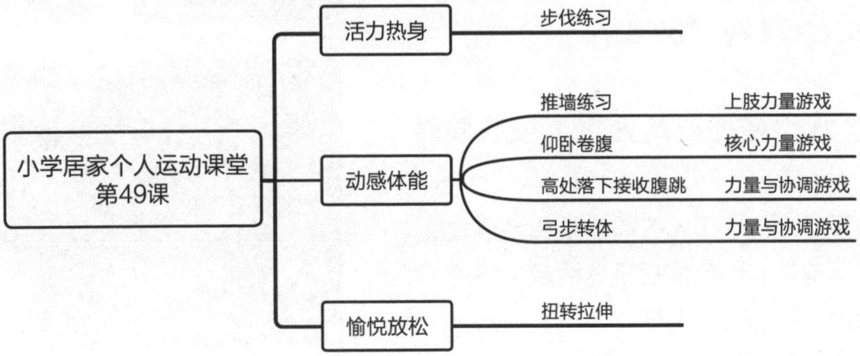

活力热身

1. 练习名称：步伐练习

时间/组数：30秒/组×3组

练习方法：跳绳呈“U”形放置地面，分为左中右三块区域，双脚左右依次进出。

动感体能

2. 练习名称：推墙练习

时间/组数：15次/组×3组

练习方法：双脚并拢面对墙壁适当距离站立，身体直立前倒，双手屈肘撑于墙面，双手同时发力，将身体推离墙面，即为完成一次练习。

3. 练习名称：仰卧卷腹

时间/组数：20次/组×3组

练习方法：双腿并拢弯曲仰卧于瑜伽垫上，双手在体侧，膝盖向腹部收拢至下背部离开垫面，然后还原，匀速进行。

4. 练习名称：高处落下接收腹跳

时间/组数：15次/组×3组

练习方法：站在大约20厘米矮凳或台阶上，一脚前迈双脚落地后迅速跳起，膝盖向胸口靠拢。

5. 练习名称：弓步转体

时间/组数： 左右各10次/组×3组

练习方法： 左脚前迈呈左弓步，上体直立，两臂在体侧屈肘上举，身体左右交替转90度后还原，身体保持稳定。

愉悦放松

6. 练习名称：扭转拉伸

时间/组数： 30秒交换/组×4组

练习方法： 直腿坐于垫上，左腿屈膝落在右膝右侧，右肘触碰左膝进行拉伸。

拓展与提示

孩子们，身体素质作为衡量人的体能强弱与运动机能能力好坏的判断标准。一方面与肌肉工作的效率有关，另一方面也反映了人体各器官系统的机能水平。

第50课　综合体能游戏（十一）

学练目标

通过各种方式的综合体能练习，让孩子掌握多种综合体能练习的方法。发展协调、力量等身体素质，培养顽强的意志品质。

健康加油站

孩子们，在运动中如果发生挫伤或扭伤，应将受伤部位立即加压包扎起来，进行冷敷，并抬高肢体，同时外敷创伤药膏，要注意过 24 小时后再进行按摩热敷。如果伴有其他症状，应及时送医院治疗。

居家运动课堂

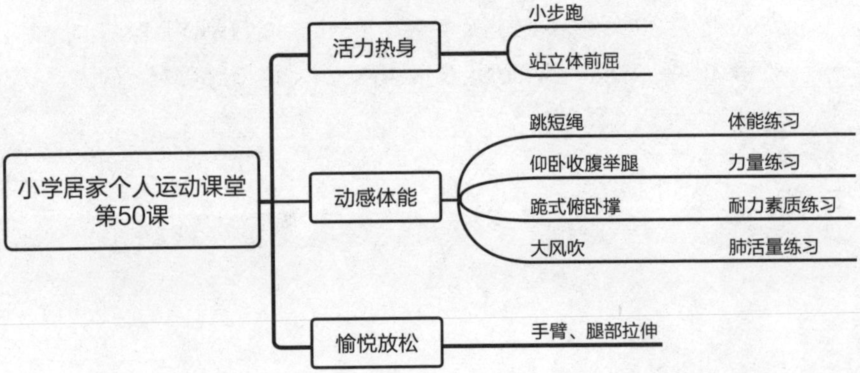

活力热身

1. 练习名称：小步跑

时间/组数：1分钟/组×2组

练习方法：原地小步跑，要求前脚掌着地，手脚协调配合，频率可由慢到快过渡。

2. 练习名称：站立体前屈

时间/组数：4个8拍/组×3组

练习方法：两脚并拢站立，双手手指并拢向下，身体前屈，同时两臂直臂向下伸，掌心尽可能触及脚背或地面，注意匀速发力，两腿伸直。

动感体能

3. 练习名称：跳短绳

时间/组数：1分钟/组×3组

练习方法：跳绳时注意上下肢的协调配合连续完成，脚后跟不着地。

4. 练习名称：仰卧收腹举腿

时间/组数：1分钟/组×3组

练习方法：仰卧,两臂放于身体两侧，腹部用力，两腿并拢并向上举，超过90度后下落，反复进行练习。

5. 练习名称：跪式俯卧撑

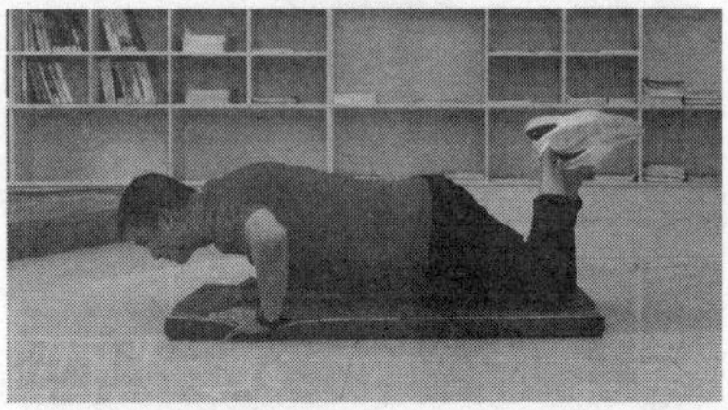

时间/组数： 30秒/组×3组

练习方法： 跪式俯卧撑，推起时迅速发力将上体推离地面。注意后脑勺、颈、背在一条线上。

6. 练习名称：大风吹

时间/组数： 自主统计时长

练习方法： 将纸巾贴放于墙面，用嘴吐气将纸巾保持在墙面不落地。

愉悦放松

7. 练习名称：手臂、腿部拉伸

时间/组数： 10秒交换/组×4组

练习方法： 单膝跪在垫子上进行腿部拉伸，让身体得到充分的放松。

拓展与提示

孩子们，运动后食用甜食会导致身体的维生素B1大量地被消耗掉，会导致人出现倦怠的感觉，引起食欲不振，反而影响人体运动后的恢复，所以在运动之后不要过量食用甜食。你记住了吗？

中学居家亲子运动课堂

增强体质　锤炼意志　健全人格

运动中展现青春的活力

第1课　上肢力量练习（一）

学练目标

通过各种形式的上肢练习，掌握多种增强上肢力量的徒手练习方法。增强上肢力量、提高身体协调素质，享受亲子运动乐趣，培养良好的健身习惯与合作精神。

健康加油站

经常锻炼上肢，有助于提高上肢韧带、关节的柔韧性、伸展性和灵活性，增强手臂力量，塑造健美体型，防“鼠标手”，灭“拜拜肉”。

居家运动课堂

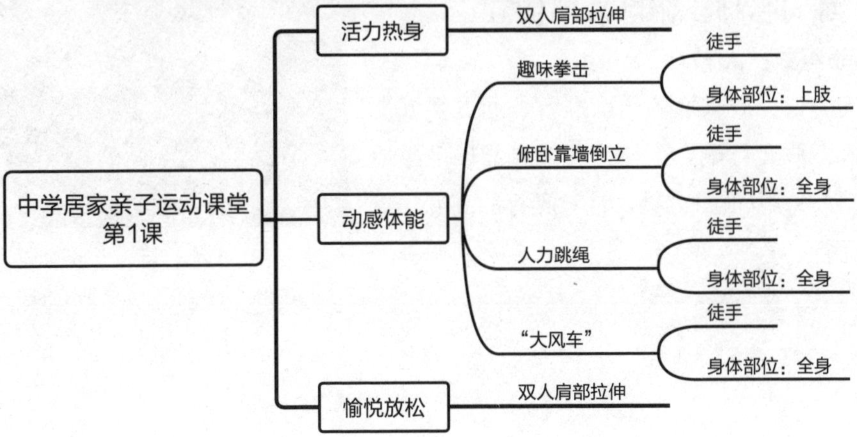

活力热身

1. 练习名称：双人肩部拉伸

时间/组数： 4个8拍/组×2组

练习方法： 两人一组背对背直立，双手叠掌紧握，手臂伸直，同步进行各种手位的拉伸练习。要求控制节奏、匀速进行。

动感体能

2. 练习名称：趣味拳击

时间/组数： 1分钟/组×3组

练习方法： 两人面对面站立。一人立掌做移动目标手靶，另一人运用各种拳法快速击打。每组间歇1分钟，注意保持安全间距，控制击打力度。

3. 练习名称：俯卧靠墙倒立

时间/组数： 30秒/组×5组

练习方法： 双脚抵墙俯卧准备。通过手臂支撑和双脚爬行配合上墙，形成脚靠墙手撑地姿势。每组间歇1分钟，注意爬行的高度，量力而行。

4. 练习名称：人力跳绳

时间/组数： 30个/组×3组

练习方法： 两人相距1米牵手蹲立，一人在牵手后侧站立。两人摇动手臂当“跳绳”，站立者配合进行跳绳练习。每组间歇1分钟，注意三人控制节奏，配合一致。

5. 练习名称：“大风车”

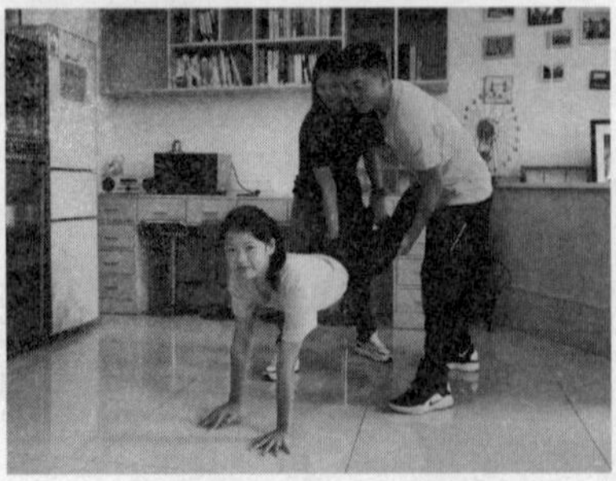

时间/组数： 10米/组×3组

练习方法： 一人俯撑，其余两人用手握紧俯撑者脚踝，并抬起至适当高度，呈推车状前行，俯撑者两臂交替行进10米。每组间歇1分钟，注意控制行进速度。（练习可1对1，也可2对1）

愉悦放松

6. 练习名称：双人肩部拉伸

时间/组数： 3～5分钟

练习方法： 两人一组面对面站立，两人手掌互撑，上身前倾，手臂和肩对抗用力做直臂伸展练习，下压肩部放松。

拓展与提示

进行上肢力量练习前，务必充分活动指、腕、肘、肩、颈等部位的关节与韧带，避免出现扭伤。练习时，选择空阔的场地，防止磕碰、保证安全。

第2课 上肢力量练习（二）

学练目标

通过各种形式的上肢练习，掌握多种上肢锻炼的方法。增强上肢力量，提升身体灵敏、协调等素质，提高合作意识，培养勇敢顽强的精神。

健康加油站

运动中，加强力量训练，能提升身体的肌肉力量和基础代谢率。在实际生活中，强化上肢力量，可以帮助我们处理各种事件，保持身体健康活力哟！

居家运动课堂

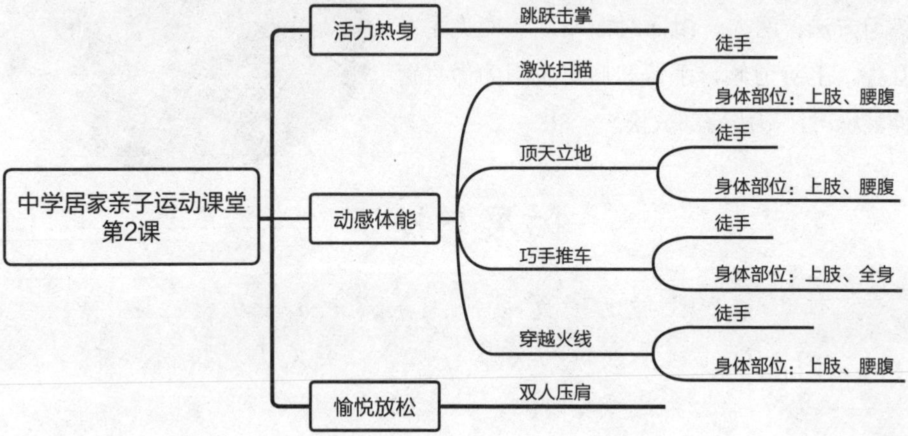

活力热身

1. 练习名称：跳跃击掌

时间/组数： 4个8拍/组×3组

练习方法： 手脚配合进行原地开合跳、高抬腿练习。注意控制动作幅度和抬腿高度，热身要充分。

动感体能

2. 练习名称：激光扫描

时间/组数： 3次/组×5组

练习方法： 三人合作。一人做平板支撑，另两人配合，呈“推小车状”，在平板支撑者头与脚之间横向移动，往返3次为一组。注意控制移动速度及身体姿态。

3. 练习名称：顶天立地

时间/组数： 20次/组×3组

练习方法： 两人手掌紧扣直臂支撑，一人直臂仰撑，两腿伸直上举，另一人屈体直臂俯撑，保持身体姿态稳定，力竭后互换。间歇1分钟，落地时注意安全。

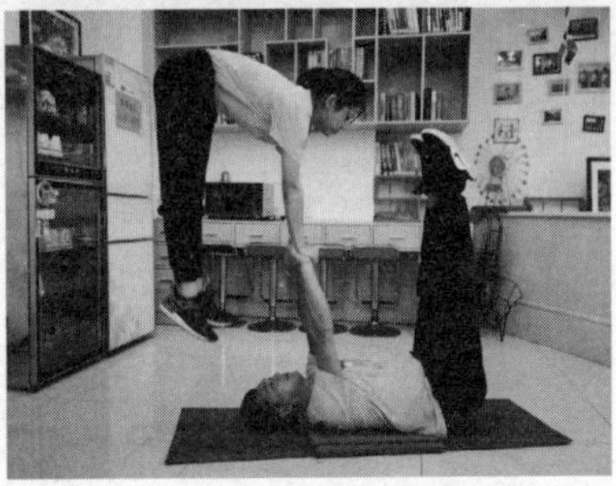

4. 练习名称：巧手推车

时间/组数：30秒/组×3组

练习方法：一人两臂撑地，小腿夹紧另一人的腰部，另一人两手托其腿部，做支撑爬行练习，30秒为一组。间歇1分钟，注意爬行者保持身体平直。

5. 练习名称：穿越火线

时间/组数：5米/组×5组

练习方法：三人合作。两人并排直臂支撑，一人平板支撑或呈匍匐姿势向前移动。间歇1分钟。

愉悦放松

6. 练习名称：双人压肩

时间/组数：2分钟

练习方法：两人面对面分腿站立，互相按扶对方肩部，直臂、沉腰、挺胸、屈体，借助上身的重量拉伸肩部韧带。注意配合呼吸节奏，幅度由小到大。

拓展与提示

做支撑类动作练习时，不管是动力性支撑，还是静力性支撑，一定要注意：手臂伸直、顶肩，腰部、腹部肌肉收紧，控制好身体重心。

第3课　上肢力量练习（三）

学练目标

通过各种形式的上肢练习，掌握多种上肢力量的徒手练习方法，发展手臂力量和身体协调能力，享受亲子运动乐趣，增进家庭感情。

健康加油站

经常进行上肢运动，如摇肩转背、左右开弓、托肘摸背等方法，可防止肩、肘、腕关节疾病，还可以调节气血，防止高血压。

居家运动课堂

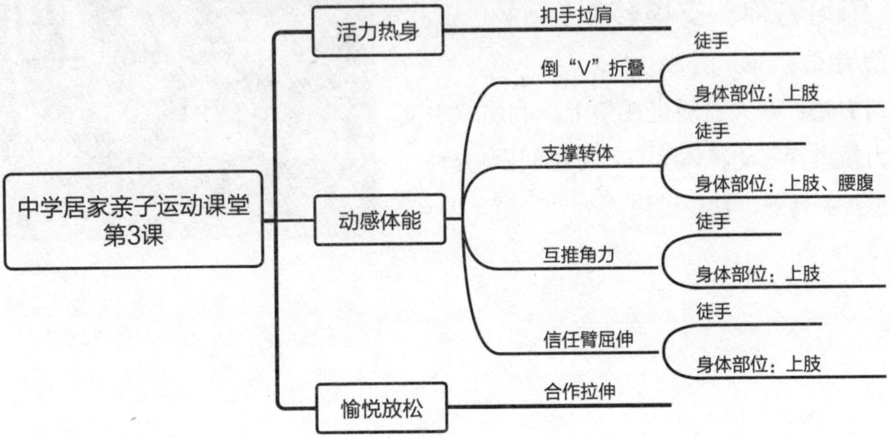

活力热身

1. 练习名称：扣手拉肩

时间/组数：1～2分钟

练习方法：原地站立，双手在头后屈臂屈肘，利用身体侧屈和双手背后牵拉做上肢关节的拉伸。

动感体能

2. 练习名称：倒“V”折叠

时间/组数：20次/组×3组

练习方法：俯卧支撑准备。拱腰形成倒“V”姿势，利用腰腹、手臂力量做折叠支撑练习。每组间歇1分钟，注意折叠高度和俯卧支撑平衡。

3. 练习名称：支撑转体

时间/组数：5圈/组×3组

练习方法：两人盘腿坐在垫上。利用双手支撑力量进行移动转体练习。每组间歇1分钟，注意控制转速，切忌过快。

4. 练习名称：互推角力

时间/组数：5局/组×3组

练习方法：两人面对面站立，手臂伸直合掌，利用上肢力量进行角力，若一方脚步先移动，则另一方获胜。每组间歇1分钟，注意不能冲撞发力。

5. 练习名称：信任臂屈伸

时间/组数：20次/组×3组

练习方法：两人间隔一臂，两手互握站立，其中一人手臂伸直站立不动，另一人用手臂斜拉做屈伸练习。每组间歇1分钟，注意自身能力，调整站位。

愉悦放松

6. 练习名称：合作拉伸

时间/组数：2分钟

练习方法：两人协作。一人站在侧方帮扶，另一人进行直立和俯身的直臂展肩练习。注意匀速拉伸，辅助力度、幅度不要过大。

拓展与提示

上肢力量的肌肉锻炼是需要不同动作的组合加强的。日常生活的上肢核心动作：推和拉，分别对应胸肌、肱二头肌、肱三头肌及背肌等，最简单的训练方法就是俯卧撑和引体向上。

第4课 下肢力量练习（一）

学练目标

通过各种形式的下肢练习，掌握多种下肢锻炼的方法。增强下肢力量，提高身体灵敏、协调等素质，享受亲子运动乐趣，培养良好的健身习惯与合作精神。

健康加油站

经常锻炼下肢，有助于提高下肢韧带、关节的柔韧性、伸展性和灵活性，增强腿部力量，塑造健美体型。

居家运动课堂

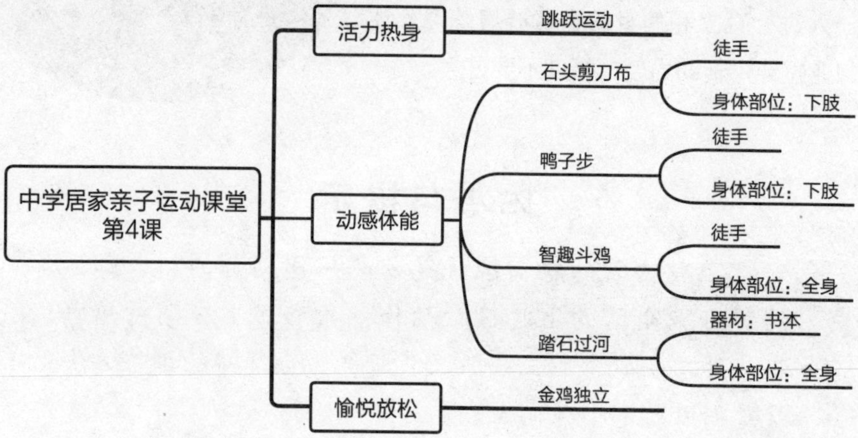

活力热身

1. 练习名称：跳跃运动

时间/组数： 4个8拍/组×3组

练习方法： 手脚配合进行原地开合跳、高抬腿练习。注意动作幅度和抬腿高度，热身要充分。

动感体能

2. 练习名称：石头剪刀布

时间/组数： 20次/组×3组

练习方法： 两人或三人面对面站立，用两脚动作做“石头剪刀布”游戏。两脚并拢为“石头”，前后开立为“剪刀”，左右开立为“布”。

3. 练习名称：鸭子步

时间/组数： 30秒/组×5组

练习方法： 人员组成一路纵队，双腿全蹲，后面人牵着前面人的衣服，模仿“鸭子”步伐统一行进。每组间歇1分钟，注意练习速度和节奏把握。

4. 练习名称：智趣斗鸡

时间/组数：1分钟/组×5组

练习方法：单脚独立，两手扳起另一脚并屈膝呈三角状，膝盖朝外，用膝盖进攻对方，若对方双脚落地，则对方失败。注意不准用撞击动作进攻。

5. 练习名称：踏石过河

时间/组数：5米/组×3组

练习方法：用2～3本书作为“石头”，在规定的“河水”内，练习者快速交替“石头”行进，直至踏到河岸。每组间歇30秒钟，注意脚不能踏到河里。

愉悦放松

6. 练习名称：金鸡独立

时间/组数：2分钟

练习方法：单腿站立，同侧手上举；同时，另一手握住同侧脚背，上体保持直立状态，进行拉伸放松。注意维持身体平衡，拉伸腿不要外展。

拓展与提示

下肢力量练习前，务必充分活动腰、髋、膝、踝、脚等部位的关节与韧带，避免发生运动损伤。练习时，确保周边安全，量力而行。

第5课　下肢力量练习（二）

学练目标

通过各种形式的下肢练习，掌握多种下肢锻炼的方法。增强下肢力量，提高身体灵敏和协调能力，享受亲子运动乐趣，形成锻炼习惯，促进家庭感情。

健康加油站

经常进行下肢的强化练习，有助于提升下肢韧带、关节的柔韧性和灵敏性，改善腿部、髋部等核心肌肉的协调收缩能力，提高身体运动能力。

居家运动课堂

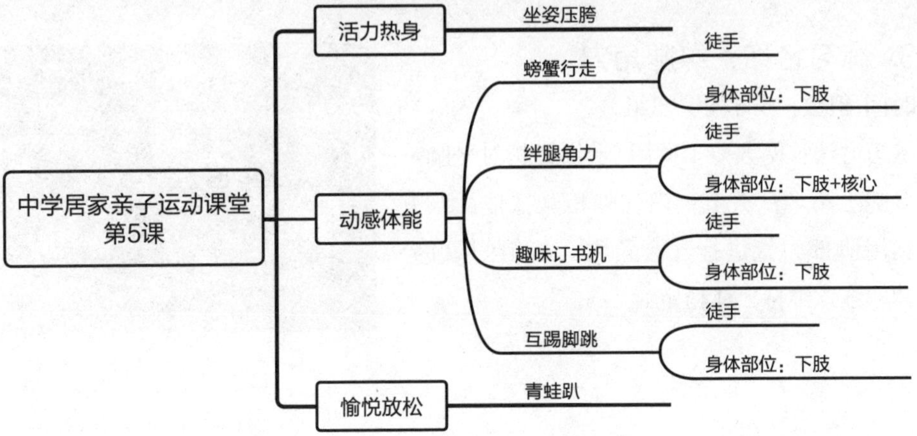

活力热身

1. 练习名称：坐姿压胯

时间/组数： 2分钟

练习方法： 练习者坐姿准备。屈膝、两脚掌相抵，利用双手按压膝关节，用俯身向前的力量进行腿部压胯练习。注意动力性练习和静力性练习相结合。

动感体能

2. 练习名称：螃蟹行走

时间/组数： 40秒/组×3组

练习方法： 两人背靠背屈膝半蹲准备。按照统一的路线与节奏进行“螃蟹”行走。每组间歇1分钟，注意背与背靠紧，移动节奏协调一致。

3. 练习名称：绊腿角力

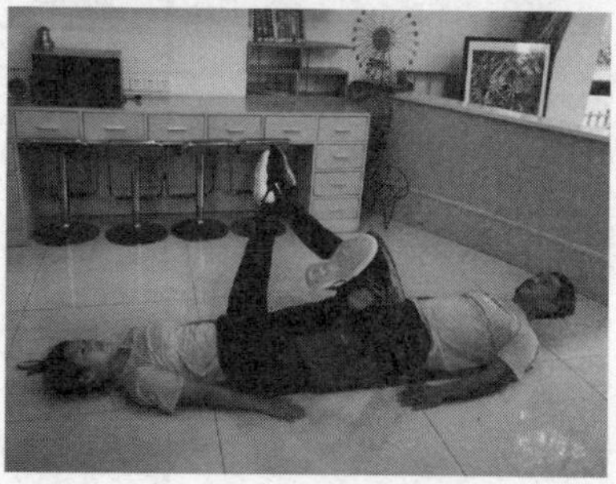

时间/组数： 5局/组×3组

练习方法： 两人躯干间隔1米位置相对平躺，直腿上举。踝关节一内一外相互抵住，双方利用脚部力量进行开合角力。每组间歇1分钟，注意维持上体稳定。

4. 练习名称：趣味订书机

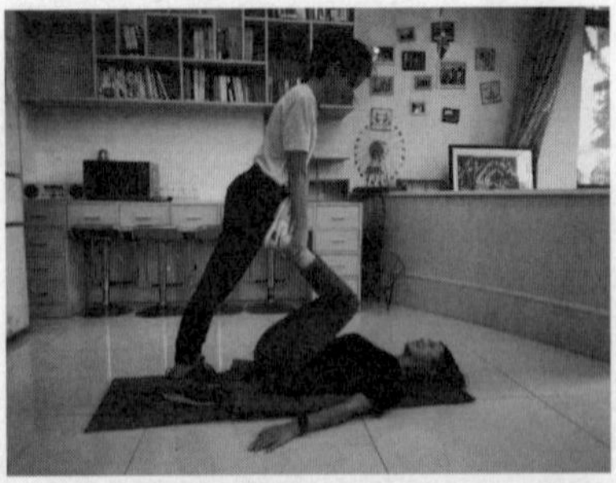

时间/组数： 15次/组×3组

练习方法： 两人一组，一人仰卧，屈膝举腿，将双脚放置在站立者的腹部，腿部做屈伸动作，站立人握紧其踝关节、保持身体正直。注意控制屈伸动作的速度。

5. 练习名称：互踢脚跳

时间/组数： 100次/组×3组

练习方法： 两人一组，手牵手、面对面站立，练习时异侧脚相互跳跃对踢，也可多人同时进行。每组间歇30秒钟，注意控制力度，保持节奏一致。

愉悦放松

6. 练习名称：青蛙趴

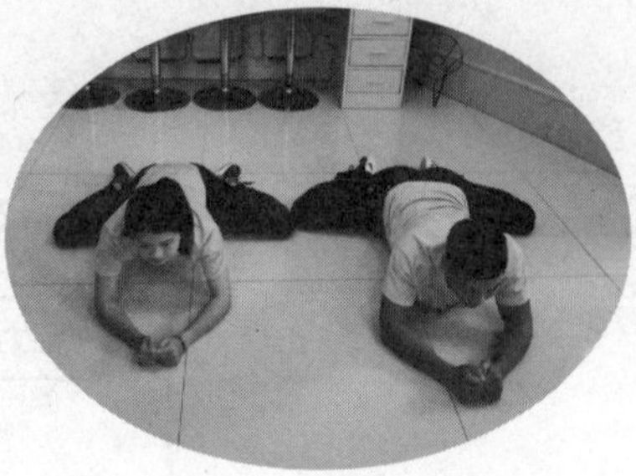

时间/组数： 2分钟

练习方法： 练习者俯身、屈臂、展体、开胯、屈膝，趴伏在地上，如“青蛙”一般。注意调整呼吸，充分放松。

拓展与提示

做屈伸练习时，按照自身屈伸角度，选适用的方法，练习过程中或练习后如有特殊不适，应及时停止或减小幅度，防止受伤。

第6课　下肢力量练习（三）

学练目标

通过各种形式下肢练习，掌握多种运用椅子进行下肢力量的练习方法。增强腿部、腰腹力量，塑造健美体型，促进情感沟通与交流，培养合作精神。

健康加油站

只要想练哪里都是健身房！可别再为没有训练器材找借口，你家绝对有椅子，宅家一样可以“撸铁”打卡哟，快快练起来吧！

居家运动课堂

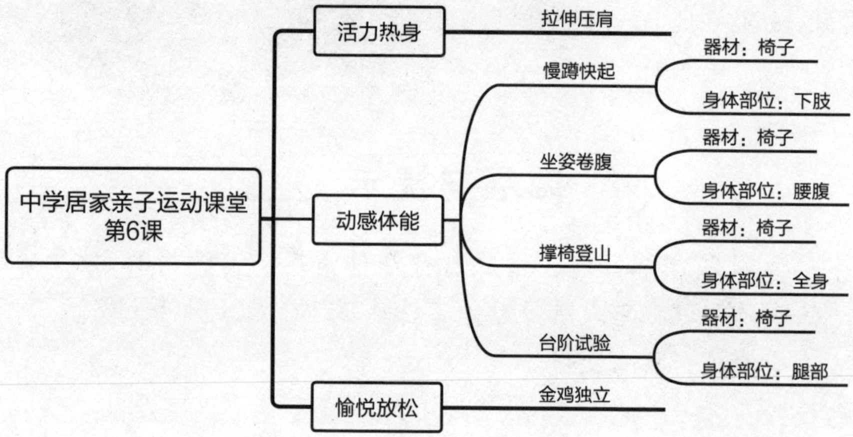

活力热身

1. 练习名称：拉伸压肩

时间/组数： 1～2分钟

练习方法： 双脚开立与肩同宽，双手搭在椅背上。直臂、沉腰、挺胸、屈体，借助上身的重量拉伸肩部韧带。注意配合呼吸节奏，幅度由小到大。

动感体能

2. 练习名称：慢蹲快起

时间/组数： 30个/组×3组

练习方法： 两脚开立与肩同宽，躯干正直。缓慢下蹲，双手经体前至侧上举，臀部触椅后快起，双手还原至体侧。注意下蹲时膝盖尽量不超过脚尖。

3. 练习名称：坐姿卷腹

时间/组数： 20个/组×3组

练习方法： 臀部坐于椅上，两手扶住椅侧，保持背部挺直，双腿并拢前伸至与地面平行，膝盖和踝关节绕环卷腹。间歇1分钟。

4. 练习名称：撑椅登山

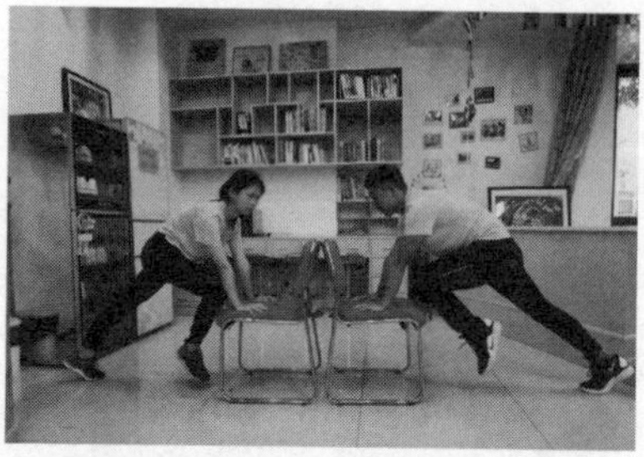

时间/组数：30个/组×3组

练习方法：双手直臂斜向平稳撑椅，腹部核心发力带动大腿膝盖向前顶，同时保持身体稳定，双脚交替支撑。注意臀部不要翘起，间歇30秒钟。

5. 练习名称：台阶试验

时间/组数：4分钟/组×3组

练习方法：选用30厘米左右高度的台阶，做有规律的上下踏台运动，手臂自然摆动。间歇1分钟，注意上下台阶安全，膝、髋关节应伸直。

愉悦放松

6. 练习名称：金鸡独立

时间/组数：2分钟

练习方法：单腿站立，同侧手臂经前至侧上举以保持身体平衡，另一手抓住同侧脚背。动作过程中注意挺直腰背，拉伸一侧腿部不要外展。

拓展与提示

为了运动安全，请选择合适器材进行练习！如选用椅子，在练习前要检查椅子是否结实，在支撑时要防止椅子滑动，在台阶试验时要选择适宜的高度。

第7课　上下肢力量练习（一）

学练目标

通过各种形式的上下肢练习，掌握多种全身锻炼的方法。发展身体力量，提升灵敏性，增强协调素质，享受亲子运动乐趣，促进家庭情感交流与沟通。

健康加油站

经常进行全身性组合锻炼，有助于调动身体各个部位，促进整体机能协调发展，“燃脂增肌塑型”的锻炼效果俱佳。

居家运动课堂

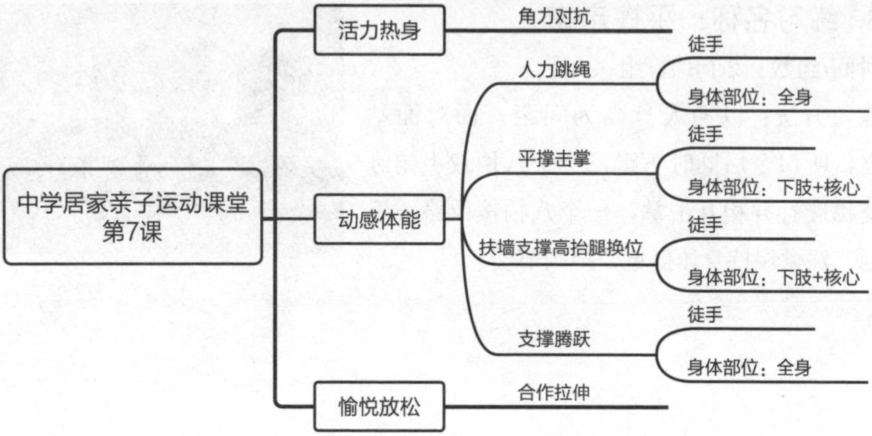

活力热身

1. 练习名称：角力对抗

时间/组数： 30个/组×3组

练习方法： 两人一组，两臂屈肘，前臂置于体前。用异侧肩部进行角力对抗。注意对抗时切忌动作过大、用力过猛。

动感体能

2. 练习名称：人力跳绳

时间/组数： 30个/组×3组

练习方法： 两人相距1米牵手蹲立，一人在牵手后侧站立。两人摇动手臂当“跳绳”，站立者配合进行跳绳练习。每组间歇1分钟，注意三人控制节奏，配合一致。

3. 练习名称：平撑击掌

时间/组数： 2个8拍/组×4组

练习方法： 以两人身高为间距，面对面站立，听口令后同时下蹲，一个八拍双手俯卧支撑爬行并相互击掌，一个八拍按原路线返回。注意保持身体挺直，控制节奏。

4. 练习名称：扶墙支撑高抬腿换位

时间/组数：60个/组×3组

练习方法：双手扶墙，身体前倾，双脚后伸撑地，整个身体形成斜面。双脚原地高抬腿练习。每组间歇1分钟，注意练习时根据个人能力调整斜面角度。

5. 练习名称：支撑腾跃

时间/组数：20个/组×5组

练习方法：一人双手撑膝俯身半蹲做“鞍马”，另一人双手撑在其腰背部做支撑腾跃练习。每组间歇1分钟，注意双手撑住，落地屈膝缓冲。

愉悦放松

6. 练习名称：合作拉伸

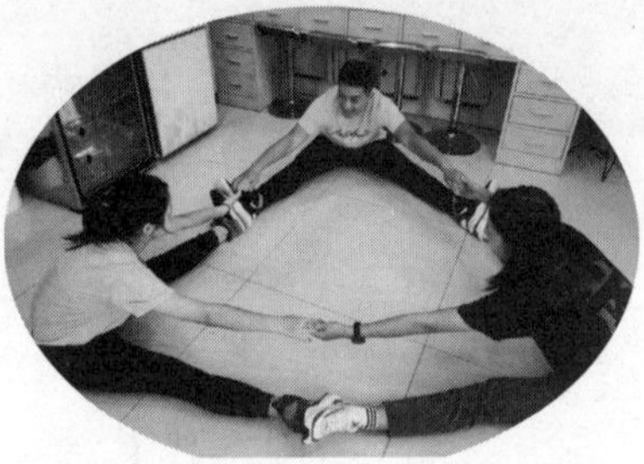

时间/组数：2分钟

练习方法：2～3人/组，直膝分腿坐立，相互牵手，脚掌相抵，尽量开胯，同步做静力性或动力性拉伸练习。

拓展与提示

全身练习前，务必充分做好身体各个部位的热身活动，避免运动损伤。练习时要循序渐进，切忌动作、节奏过快过猛。重视拉伸放松练习，积极恢复身体机能。

第8课 上下肢力量练习（二）

学练目标

通过各种形式的上下肢练习，掌握多种全身组合锻炼的方法。增强身体力量，提高灵敏和协调素质，享受亲子运动乐趣，增进家庭感情。

健康加油站

力量练习是以锻炼肌肉为主要目的的运动。和有氧运动相比，力量练习持续时间短，身体负荷大，更能促进肌肉的增长，使人变得更健美、更强壮。

居家运动课堂

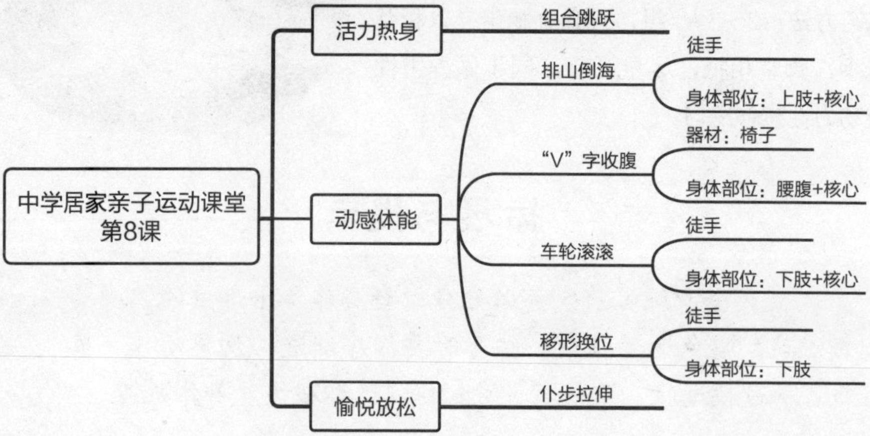

活力热身

1. 练习名称：组合跳跃

时间/组数： 2个8拍/组×4组

练习方法： 将台阶作为辅助器材，进行踏步高抬腿、俯撑开合跳、俯撑弓步跳等组合跳跃练习。注意热身运动量的循序渐进。

动感体能

2. 练习名称：排山倒海

时间/组数： 20次/组×3组

练习方法： 俯卧支撑准备。练习时利用手脚配合，转体呈一手上举、一手侧卧姿态，随即反方向做一次。每组间歇1分钟，注意侧翻时身体挺直。

3. 练习名称：“V”字收腹

时间/组数： 20次/组×3组

练习方法： 两人面对面仰卧，双脚固定放置在高处，练习时身体做仰卧起身动作。每组间歇1分钟，注意维持身体平衡。

4. 练习名称：车轮滚滚

时间/组数：40个/组×3组

练习方法：两人相对仰卧，斜上方举腿，脚掌靠紧互蹬，形成“踩单车”之势。每组间歇1分钟，注意身体支撑角度和平衡，保持节奏一致。

5. 练习名称：移形换位

时间/组数：15轮/组×3组

练习方法：三人手牵手围成圆圈，一人并脚跳进另两人牵手位置，随即跳回，其他人依次进行“移形换位”。每组间歇1分钟，注意保持跳跃节奏。

愉悦放松

6. 练习名称：仆步拉伸

时间/组数：2分钟

练习方法：俯身，左右仆步，手握同侧脚踝做上下肢内侧肌群及韧带拉伸练习。单脚站立，同手同脚做下肢前后肌群及韧带拉伸放松。

拓展与提示

在进行力量练习时，练完某一区域肌肉，建议最好休息72小时让其生长修复。增加力量是需要持之以恒的，坚持不懈力量就会逐步增长，一旦停下来力量就会下降，这就是肌肉特性。

第9课　上下肢力量练习（三）

学练目标

运用毛巾进行各种方式的抛接、跳跃、支撑练习，增强上下肢力量，提高灵敏性和协调性等身体素质。培养运动兴趣，促进家庭情感交流与沟通。

健康加油站

发现家里随处可见的毛巾隐藏功能点。一条毛巾，帮你练到全身，让它成为你运动的好搭档。“小蛮腰”“蜜桃臀”不再是梦想！

居家运动课堂

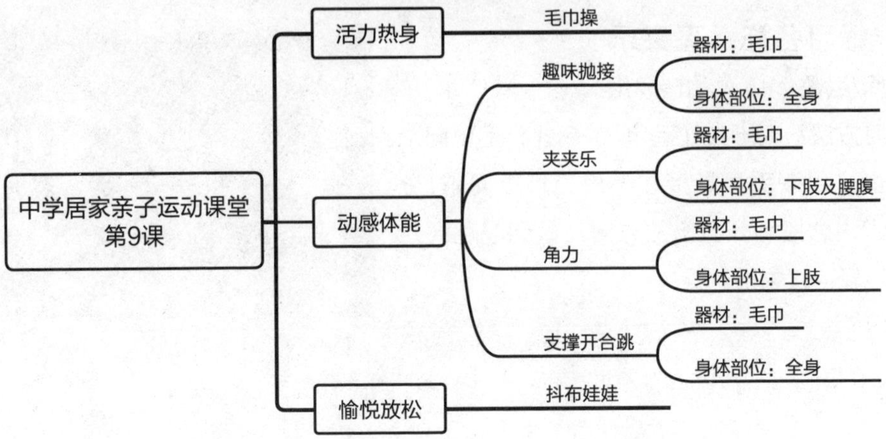

活力热身

1. 练习名称：毛巾操

时间/组数：3～5分钟

练习方法：双手持毛巾两端，并拉直毛巾呈棍状，进行自编毛巾操练习。注意动作舒展、大方，节奏感强。

动感体能

2. 练习名称：趣味抛接

时间/组数：20次/组×3组

练习方法：双手将扎紧的毛巾向上抛起后胸前击掌，然后接住毛巾，继续抛接练习。也可体后击掌、拍腿后接准。每组间歇1分钟，注意抛投高度适中。

3. 练习名称：夹夹乐

时间/组数：15次/组×3组

练习方法：双脚夹住毛巾，跳起并将毛巾向上抛出，用双手尽量接住毛巾。每组间歇1分钟，注意控制好抛出的方向，做到起跳高，落地轻，接物准。

4. 练习名称：角力

时间/组数：10局/组×3组

练习方法：两人相对站立，两脚分开，两手各牵毛巾端或将毛巾一端系在一人的腰上，用力拉引或拧转，使对方失去平衡。也可两人双手同时用劲拧扭毛巾。间歇1分钟。

5. 练习名称：支撑开合跳

时间/组数：10次/组×3组

练习方法：俯撑，两脚各踩一条毛巾。用脚掌拖动毛巾依次连续做屈膝、伸膝，打开、合拢动作。间歇1分钟，要求双脚不能离开毛巾。

愉悦放松

6. 练习名称：抖布娃娃

时间/组数：3～5分钟

练习方法：两人一组，拉紧毛巾的四个角，将毛巾平摊开来，将一布娃娃放在上面。两人同时发力，将布娃娃抖向空中。要求布娃娃不能掉地上。

拓展与提示

毛巾不仅可以帮你拭去运动时的汗水，还可以助力你的体能训练。如果你刚刚开始用毛巾做运动，建议选择合适的毛巾，让你更好地入门。

第10课　上下肢力量练习（四）

学练目标

通过各种形式的上下肢练习，掌握多种全身锻炼的方法，增强身体力量，提高灵敏和协调能力，享受亲子运动乐趣，增进家庭感情。

健康加油站

力量练习坚持“挺胸拔背”原则，具体说来就是：挺胸、双肩下沉并后收、收腹、下背内收。对于站姿、坐姿或者卧姿等不同的训练姿势，这一原则都适用哟！

居家运动课堂

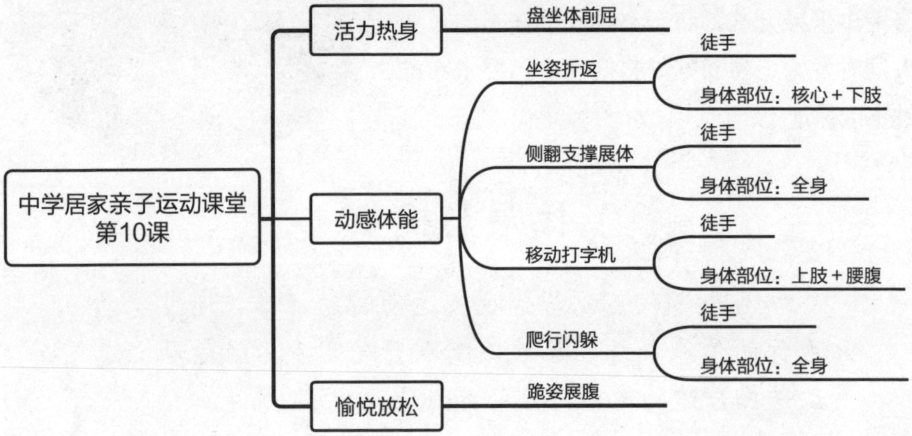

活力热身

1. 练习名称：盘坐体前屈

时间/组数： 2分钟

练习方法： 盘坐垫上，屈膝两脚掌相抵，手臂自然向前伸直，俯身前屈进行动静结合的拉伸。注意动作幅度和节奏循序渐进。

动感体能

2. 练习名称：坐姿折返

时间/组数： 3米往返/组×3组

练习方法： 屈膝坐立准备。练习时利用臀部、脚掌等部位协同配合，使身体向前移动，可多人进行折返比赛。每组间歇1分钟，注意上肢不可触地。

3. 练习名称：侧翻支撑展体

时间/组数： 左右各5次/组×3组

练习方法： 俯卧屈臂支撑准备。练习时通过身体协同用力，进行翻身侧卧举腿练习，可多人进行PK比赛。每组间歇1分钟，注意身体尽量展开。

4. 练习名称：移动打字机

时间/组数： 2米往返/组×3组

练习方法： 一人在上、另一人在下，呈十字交叉俯撑，两人按同一线路进行爬行练习（或下面的人可进行滚动练习）。每组间歇1分钟，注意节奏步调一致。

5. 练习名称：爬行闪躲

时间/组数： 1分钟/组×3组

练习方法： 两人保持一定间距，面对面俯撑准备。利用手部进行追拍躲闪游戏。或采取仰卧支撑准备，利用脚部进行踩、踏及躲闪游戏。注意控制动作力度。

愉悦放松

6. 练习名称：跪姿展腹

时间/组数： 2分钟

练习方法： 跪姿准备。身体展腹向后倒，尽量用手直臂去触碰脚后跟，充分拉伸身体进行放松。注意动静结合，切忌幅度过大。

拓展与提示

全身练习前，务必充分做好身体各个部位的热身活动，避免运动损伤。练习中，切忌运动节奏过快、过猛，循序渐进。练习后，注意拉伸放松，积极恢复身体机能。

第11课　核心力量练习（一）

学练目标

通过各种形式的腰腹练习，掌握多种增强核心力量的练习方法。提升核心肌肉群的力量，增强机体运动能力，培养不怕困难、积极进取的意志品质。

健康加油站

所有运动技术动作都是以中心肌群为核心的运动链，强有力的核心肌群对身体姿势、运动技能和专项技术起着稳定和支持作用。

居家运动课堂

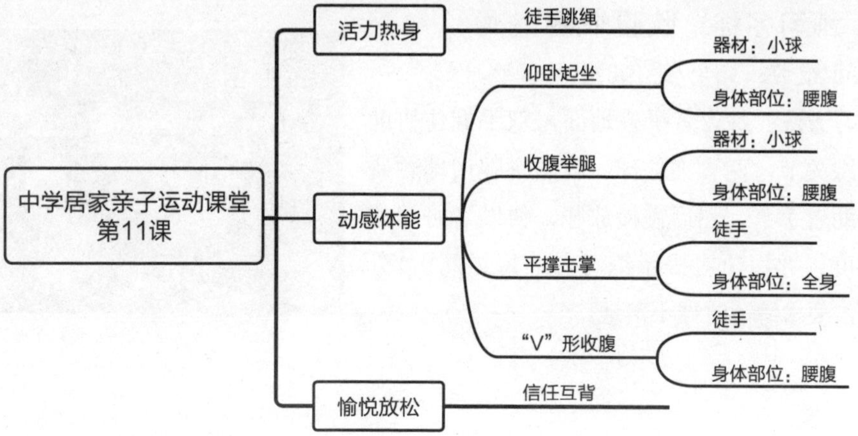

活力热身

1. 练习名称：徒手跳绳

时间/组数： 1分钟/组×3组

练习方法： 尽量获得跳起的高度，两手臂跟随跳动的节奏，连续做向下、向后、向上、向前的抡绳动作。每组间歇1分钟，注意动作要协调、连贯。

动感体能

2. 练习名称：仰卧起坐

时间/组数： 30个/组×3组

练习方法： 一人持球平躺地面，两脚并拢、屈膝。做仰卧起坐，同时与协作者互动，做双手抛接球练习。每组间歇1分钟，注意速度要由慢到快过渡。

3. 练习名称：收腹举腿

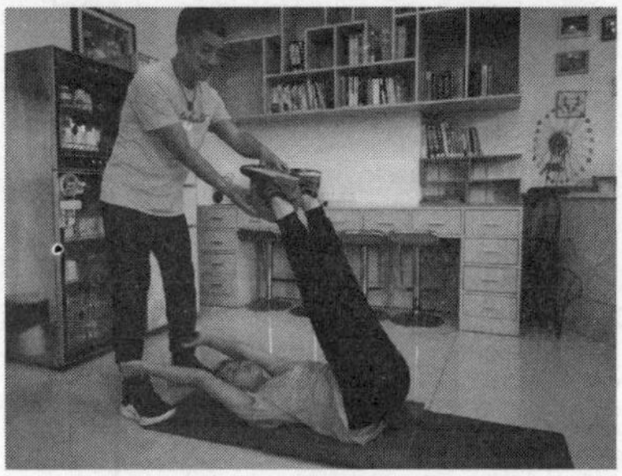

时间/组数： 15个/组×3组

练习方法： 练习者平躺地面，双手握住协助者踝关节，两脚夹住球。收腹举腿用球触碰协助者手掌，然后慢慢放腿，协助者可调整高度，并用语言提示练习者。每组间歇1分钟，要求练习时球不落地。

4. 练习名称：平撑击掌

时间/组数： 15个/组×3组

练习方法： 两人面对面俯撑地面，两脚分开与肩同宽。两人同时错位移动，单手支撑，另一手相互击掌，换边练习。每组间歇1分钟，保持身体平直。

5. 练习名称：“V”形收腹

时间/组数： 10个/组×3组

练习方法： 运动者平躺在垫上，双腿并拢伸直，双手向头前伸直。收缩腹部，同时抬起腿和上体，直至手臂摸到小腿；然后慢慢放腿、倒体至起始位置。要求保持身体平衡。

愉悦放松

6. 练习名称：信任互背

时间/组数： 2～3分钟

练习方法： 同伴屈膝，俯身，背部呈水平姿势。练习者平躺在同伴背上，双腿自然下垂，身体放松。持续15秒钟后，再交换练习。

拓展与提示

做“V”形收腹时四肢要自然伸直，不要弯曲膝关节，脚尖、手指要同时向上，上体离地；身体抬起时吸气，腿放下时呼气。

第12课 核心力量练习（二）

学练目标

通过各种形式的腰腹练习，掌握多种核心力量的练习方法。发展核心肌肉群的力量,提高身体的平衡能力,增强机体运动能力，培养不怕困难、勇敢顽强的意志品质。

健康加油站

核心肌肉是指环绕在我们躯干周围的肌肉，包括腹肌、髋部肌群和与脊椎、骨盆联结的肌肉。核心肌肉会帮助身体保持稳定，维持健美的身体形态。

居家运动课堂

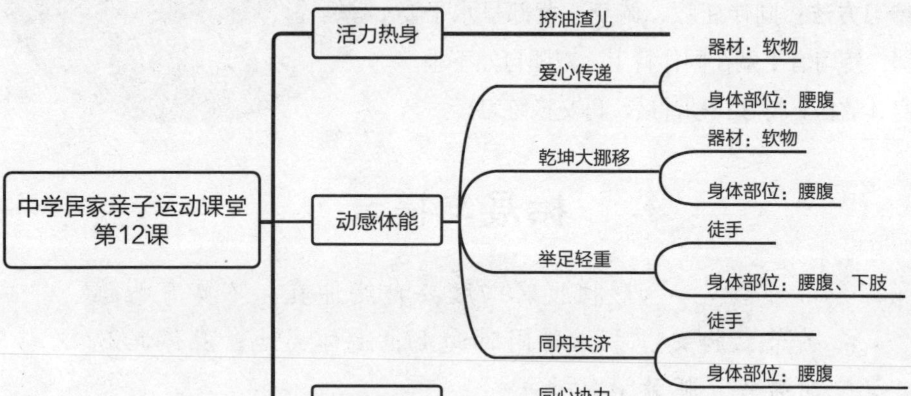

活力热身

1. 练习名称：挤油渣儿

时间/组数：3分钟

练习方法：三人肩并肩靠墙站立。腿部蹬地，两边的人用肩部向中间挤压，被挤出的人靠向队伍的旁边，再向中间挤，如此反复进行。要求肩部挤压时不能有撞击动作。

动感体能

2. 练习名称：爱心传递

时间/组数：20回合/组×3组

练习方法：两人头部相对，平躺在地上，一人双脚夹物，缓慢举腿、后伸，另一人举腿接物，前后传递，重复进行。间歇1分钟，要求传递时物品不能掉下。

3. 练习名称：乾坤大挪移

时间/组数：20次/组×3组

练习方法：三人背靠背坐于垫上，屈膝、收腹、举腿，保持脚不落地，上体转动，将手上物品按顺时针或逆时针方向传递。间歇1分钟，要求保持身体平衡。

4. 练习名称：举足轻重

时间/组数： 10次/组×3组

练习方法： 三人面对面坐于垫上，两臂后撑，两腿分开、脚掌相对，收紧腰腹，做并腿和分腿练习。间歇1分钟。

5. 练习名称：同舟共济

时间/组数： 30个/组×5组

练习方法： 两臂前伸，两腿并拢，屈膝上举，收紧腹部，背部抬起，身体固定，尽可能保持眼睛和膝盖平行。屈臂、伸膝、展体，做划船动作。间歇1分钟，要求动作协调。

愉悦放松

6. 练习名称：同心协力

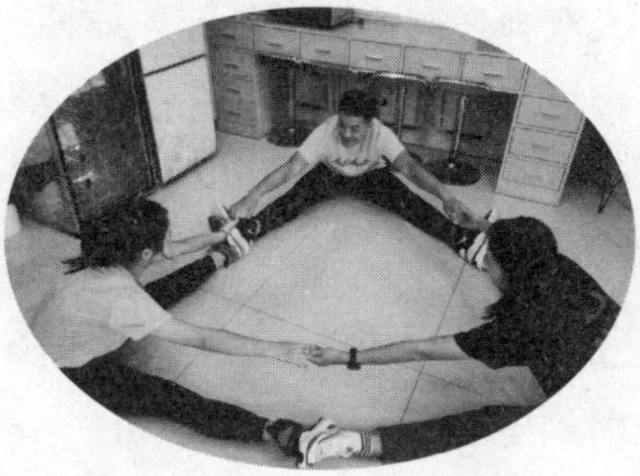

时间/组数： 3分钟

练习方法： 三人面对面分腿而坐，脚掌相对，手手相连，左右交替移重心，也可身体同时前倾，进行拉伸放松。

拓展与提示

核心力量训练可以按照小负荷多次数的训练原则进行训练，静力练习时间固定，动力练习每组重复次数也需要固定。

第13课　核心力量练习（三）

学练目标

通过各种凳上支撑练习，掌握多种核心力量练习的方法。增强腰腹和手臂肌肉力量，提高力量、柔韧、协调等素质，享受运动乐趣，培养积极进取、挑战自我的精神。

健康加油站

消灭“小肚腩”，练出马甲线，打造强大核心区，凳子来助力！一张凳子，多个支撑动作，坚持这么练下去，好身材是迟早的事。

居家运动课堂

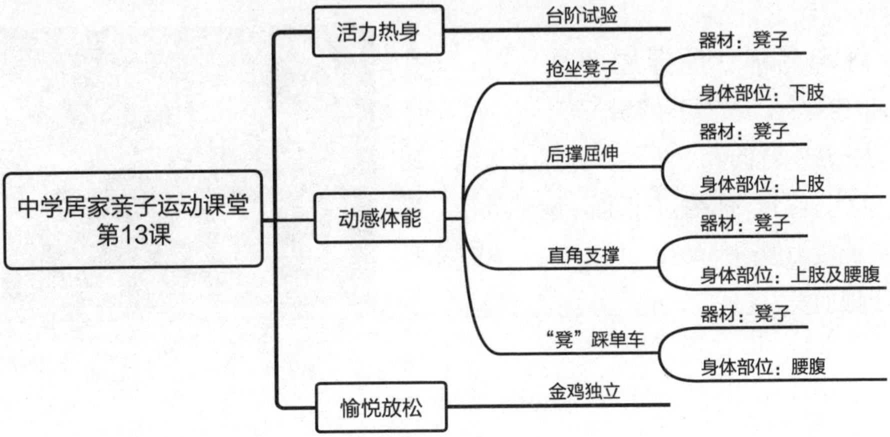

活力热身

1. 练习名称：台阶试验

时间/组数： 1分钟/组×3组

练习方法： 选用30厘米左右高度的凳子，做有规律的上下踏台运动，手臂自然摆动。间歇1分钟，注意上下台阶安全，膝、髋关节都应伸直。

动感体能

2. 练习名称：抢坐凳子

时间/组数： 15次/组×3组

练习方法： 在音乐伴奏下，三人围着两个凳子慢跑（或慢走），音乐停立即抢座，如此循环。也可增减凳子进行游戏。间歇1分钟，要求反应快速。

3. 练习名称：后撑屈伸

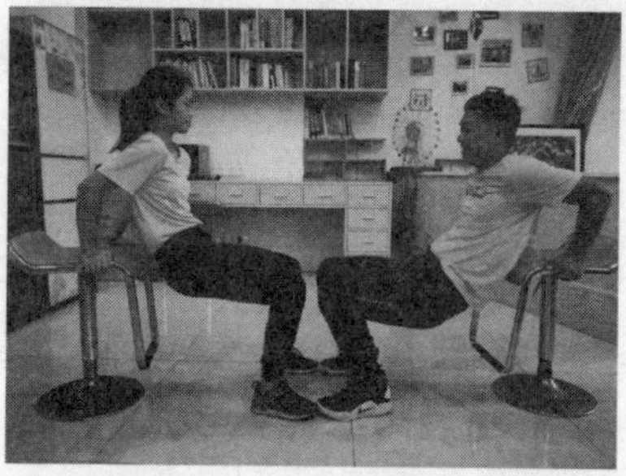

时间/组数： 20次/组×3组

练习方法： 背向双手撑凳，并抓紧边缘，屈膝90度，尽量保持躯干正直，腿部放松。手臂后侧发力做屈伸动作。间歇1分钟，注意垂直于地面发力。

4. 练习名称：直角支撑

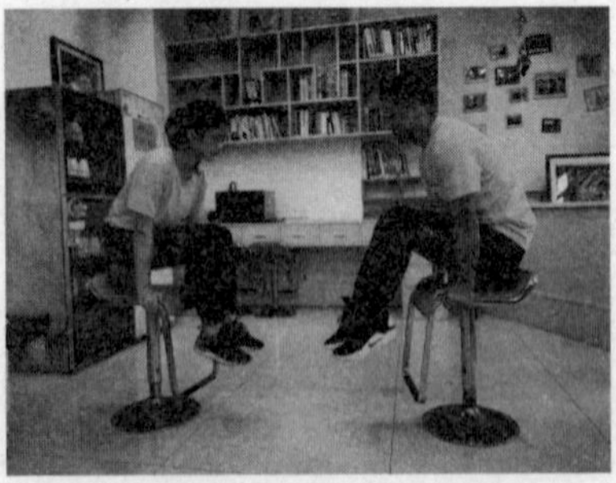

时间/组数：8～15秒/组×3组

练习方法：双手扶凳两侧坐于凳上，双腿伸直，两臂用力下压，使臀部离开凳面。女生可屈膝支撑，适当降低练习难度。间歇1分钟，注意直臂并保持身体平稳。

5. 练习名称："凳"踩单车

时间/组数：60个/组×5组

练习方法：双手扶凳两侧坐于凳上，重心稍向后，双脚离开地面，双腿上举至与地面平行，做踩单车动作。节奏可快可慢，也可快慢结合。间歇1分钟。

愉悦放松

6. 练习名称：金鸡独立

时间/组数：2分钟

练习方法：单腿站立，同侧手上举；同时，另一手抓住同侧脚背；上体保持直立，进行拉伸放松。注意维持身体平衡，拉伸腿不要外展。

拓展与提示

本课练习动作难度较大，大家可以根据自身实际情况适当降低练习要求。除了凳子，我们还可以选择在沙发或者床上进行支撑类练习。

第14课　核心力量练习（四）

学练目标

通过各种形式的腰腹练习，掌握多种核心力量的练习方法，发展核心肌肉群的力量，提高身体的平衡能力，增强居家健身意识，培养不畏困难的精神品质。

健康加油站

核心稳定力量的训练涉及整个躯干和骨盆部位的肌肉。在练习方式上，采用一端固定的向心收缩以及两端固定的静力性收缩。

居家运动课堂

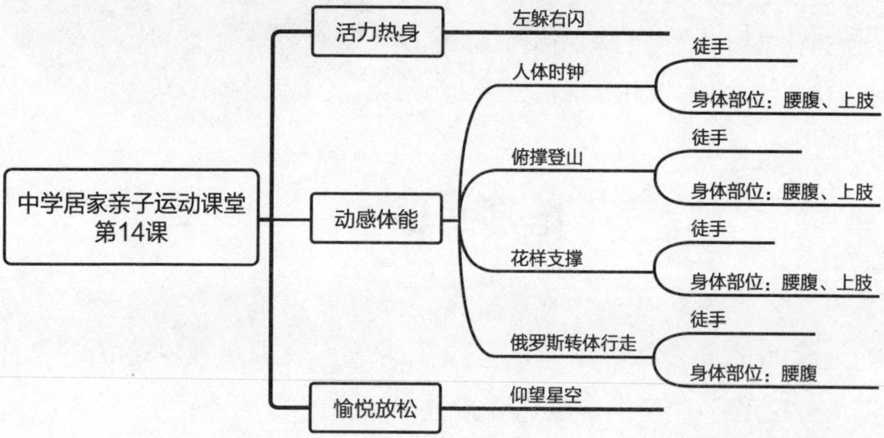

活力热身

1. 练习名称：左躲右闪

时间/组数：1分钟/组×2组

练习方法：两人面对面相距1米站立，玩“石头剪刀布”的游戏，胜者迅速抓负者的肩膀，负者躲避。看谁反应快。

动感体能

2. 练习名称：人体时钟

时间/组数：1分钟/组×3组

练习方法：直臂俯撑，下肢固定，身体为时针。听到整点报时口令后，移动上肢使身体转到模拟时钟位置。每组间歇1分钟，注意身体始终挺直。

3. 练习名称：俯撑登山

时间/组数：60次/组×3组

练习方法：直臂俯撑，身体挺直准备。右膝移至胸前，然后跳起，将左膝移至胸前，两腿交替进行。每组间歇1分钟，要求支撑动作能保持1～2秒。

4. 练习名称：花样支撑

时间/组数：15次/组×3组

练习方法：直臂俯撑，身体挺直，双手交替支撑时，用未撑地的手依次触摸肩、腰、膝和腿等部位。每组间歇1分钟，要求保持身体平衡。

5. 练习名称：俄罗斯转体行走

时间/组数：3米往返5次/组×3组

练习方法：臀部着地，通过扭转身体，进行前进、后退移动。每组间歇1分钟。

愉悦放松

6. 练习名称：仰望星空

时间/组数：2分钟

练习方法：俯撑地面，伸直手臂，缓慢抬起上体，最高点处仰头，保持几秒钟；缓慢还原，重复进行。

拓展与提示

在锻炼动作中，俯撑登山是一个全身性高强度运动，正确的登山跑姿势要求背部挺直放松，这对颈椎及肩部的不适有一定的改善。

第15课 核心力量练习（五）

学练目标

通过各种形式的核心力量练习，掌握多种核心力量的练习方法。增强腰腹力量，提高柔韧、协调等身体素质，培养敢于克服困难、坚忍不拔的意志品质。

健康加油站

核心区力量是一种能力，是运动发力的主要环节，不仅能够维持身体平衡，而且在四肢协同用力中起到枢纽作用，保障技术动作的稳定发挥。

居家运动课堂

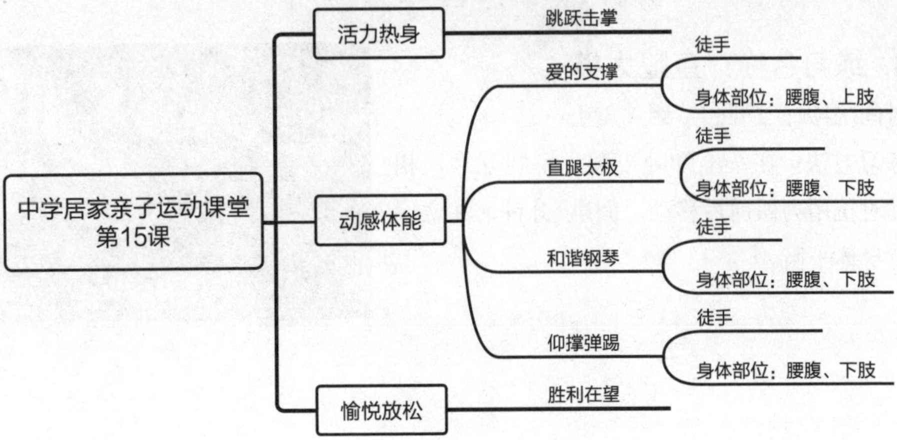

活力热身

1. 练习名称：跳跃击掌

时间/组数：30个/组×3组

练习方法：身体直立准备。双脚左右开合跳，双手经体侧头顶上方击掌，同时身体往上延伸，然后双脚并跳还原成直立。间隔1分钟，注意跳跃节奏。

动感体能

2. 练习名称：爱的支撑

时间/组数：15次/组×3组

练习方法：两人面对面相距约50厘米，单手俯撑，一人手持软物，相互抛接，左右抛接为1次。间歇1分钟，注意保持身体平直。

3. 练习名称：直腿太极

时间/组数：15回合/组×3组

练习方法：在垫上仰卧平躺，举腿互靠，相互对抗用力做前后移动。间歇1分钟，注意保持身体平衡。

4. 练习名称：和谐钢琴

时间/组数： 30次/组×3组

练习方法： 垫上仰卧，两脚撑墙，两臂平放，做臀桥动作，用肩背部位支撑起身体，在最高点停留3秒钟，再还原。间歇1分钟，注意控制动作幅度。

5. 练习名称：仰撑弹踢

时间/组数： 20次/组×3组

练习方法： 屈膝仰卧支撑，躯干挺直做准备。两腿交换做弹踢腿练习。每组间歇1分钟，注意躯干尽量保持稳定。

愉悦放松

6. 练习名称：胜利在望

时间/组数： 2分钟

练习方法： 双脚打开，双手从腹前经体侧缓慢至斜上，再缓慢还原。手臂向上行进时深吸气，还原时深呼气。重复进行。

拓展与提示

本节课的练习，对核心部位要求较高。如果核心区足够稳定，身体中的能量传递越好，动作就越高效。

第16课　力量和平衡练习

学练目标

通过各种力量平衡动作练习，掌握各种身体平衡练习的方法，提高平衡能力及力量协调素质，培养勇敢顽强的意志品质。

健康加油站

平衡能力是抵抗外力破坏而维持身体稳定状态的能力，主要通过静态与动态平衡练习来发展，有助于提高动作质量和自我保护能力。

居家运动课堂

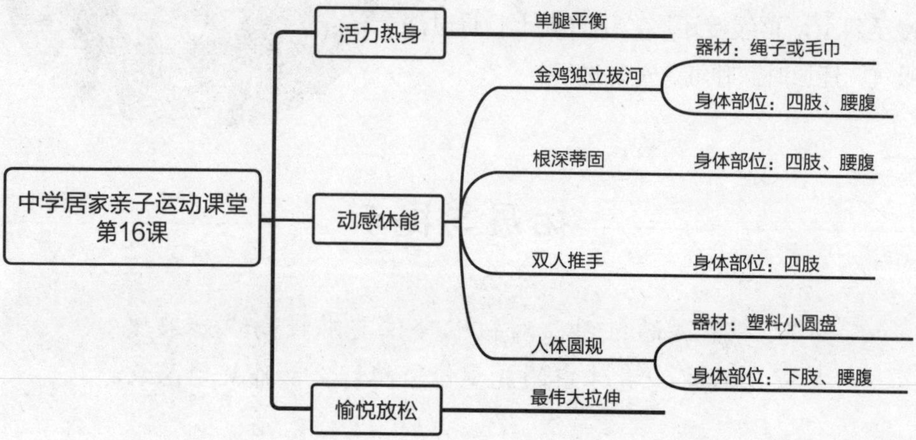

活力热身

1. 练习名称：单腿平衡

时间/组数： 1分钟/组×3组

练习方法： 单腿站立，屈体前倾，同侧臂前伸，同时异侧手握住同侧脚背屈膝后抬，目视前方，直至躯体、大腿呈水平，两腿交替练习。要求身体维持平衡。

动感体能

2. 练习名称：金鸡独立拔河

时间/组数： 5局/组×3组

练习方法： 两人在中线两边单腿站立，单手拉紧毛巾准备。一声令下，开始拔河，将对方拉过中线为胜。要求单脚支撑，抓牢毛巾不得松手。

3. 练习名称：根深蒂固

时间/组数： 5次/组×3组

练习方法： 单腿支撑、脚掌固定，两臂屈肘前举；另一腿提膝，向异侧转体90度两次，然后腿后伸、体前屈两次。两腿交替练习。要求身体平稳。

4. 练习名称：双人推手

时间/组数：5局/组×3组

练习方法：两人间隔一臂，四掌相对单腿站立。利用臂力互推，使对方失去平衡，先移动支撑脚者负，另一方获胜。要求推手发力虚实结合。

5. 练习名称：人体圆规

时间/组数：5圈/组×3组

练习方法：一脚掌固定，另一脚伸向远端，脚放在地面物件上。以固定脚为圆心、物件为笔尖画圆，5次后换脚练习。要求动作连贯，一次成圆。

愉悦放松

6. 练习名称：最伟大拉伸

时间/组数：2分钟

练习方法：两腿呈弓步，两手俯撑在地上。然后向一侧转体90度，同侧臂上举，拉伸肩、腰、胯部。身体还原，再换另一侧拉伸练习。

拓展与提示

本课以单脚支撑平衡练习为主，应选择空旷的场地，避免磕碰。体操技巧项目也是平衡训练的重要手段，练习时要动静结合、控制重心。

第17课　速度和灵敏练习

学练目标

通过各种形式的速度练习，掌握多种速度与灵敏趣味练习的方法，提高反应速度、动作速度等素质，培养乐观开朗、团结协作的优良品质。

健康加油站

速度、灵敏素质的发展，主要取决于神经系统的灵敏性和反应速度。青少年时期，神经系统发育最早，是发展速度、灵敏素质最佳时期。

居家运动课堂

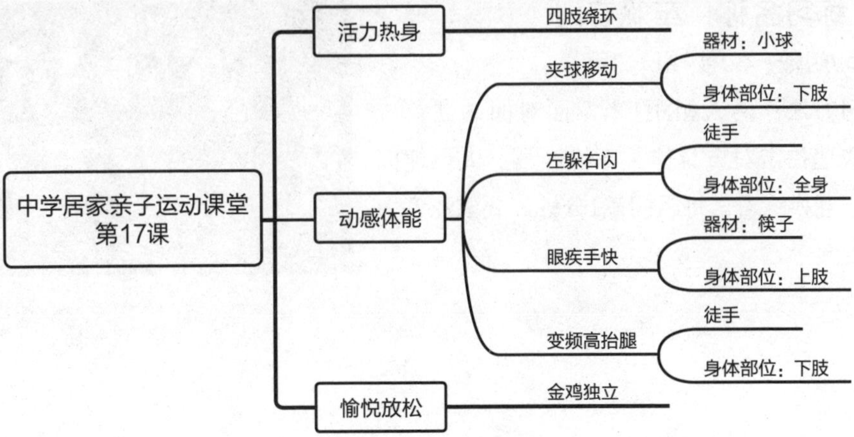

活力热身

1. 练习名称：四肢绕环

时间/组数： 4个8拍/组×3组

练习方法： 原地徒手操。十指交叉，单脚点地做手、脚、膝、踝绕环动作。注意控制动作幅度，由慢到快。

动感体能

2. 练习名称：夹球移动

时间/组数： 1分钟/组×3组

练习方法： 两人一组，背部夹球，保持力量平衡。听口令向前、后、左、右等方位迅速移动。每组间歇1分钟，要求球不能落地。

3. 练习名称：左躲右闪

时间/组数： 30秒/组×3组

练习方法： 两人相距1米，面对面站立。一人快速拍击对方身体某部位，另一人迅速闪躲；互换练习。每组间歇1分钟。要求注意力高度集中。

4. 练习名称：眼疾手快

时间/组数： 15次/组×5组

练习方法： 两人面对面站立，一人拿筷子的手突然松开，另一人快速反应抓住筷子。15次后互换练习。要求注意力高度集中，反应迅速。

5. 练习名称：变频高抬腿

时间/组数： 1分钟/组×5组

练习方法： 两人配合练习。击掌变换节奏，另一人根据击掌节奏进行原地高抬腿练习；然后互换练习。每组间歇2分钟，注意调整呼吸、跟上节奏。

愉悦放松

6. 练习名称：金鸡独立

时间/组数： 3分钟

练习方法： 单腿站立，同侧手上举；同时，另一手握住同侧脚背，上体保持直立状态，进行拉伸放松。注意维持身体平衡，拉伸腿不要外展。

拓展与提示

速度和灵敏练习，需要循序渐进，练习初期会出现反应慢，跟不上。坚持一段时间后，身体的反应灵敏素质得到提升，就可以逐步加快训练速度和频率。

第18课　灵敏和协调练习（一）

学练目标

通过各种形式的爬行、跳跃练习，掌握多种灵敏与协调趣味练习的方法。提升灵敏性和协调性等身体素质，促进良好亲子关系，培养安全意识、团结协作精神。

健康加油站

经常进行灵敏、协调素质练习，能有效促进其他身体素质的发展，这两项关键能力的提高，能让你成为练习场上的“Superstar”哟！

居家运动课堂

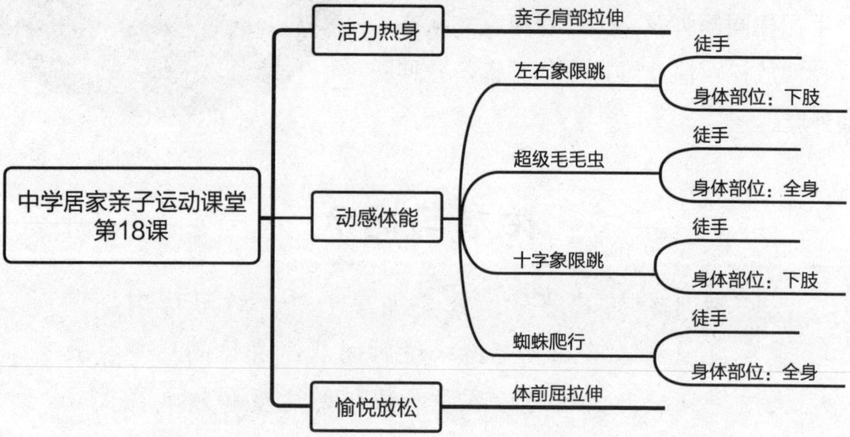

活力热身

1. 练习名称：亲子肩部拉伸

时间/组数： 4个8拍/组×3组

练习方法： 两人背靠背站立，两脚打开与肩同宽，两手互握上举。双手从头上经体侧至触地。要求整个过程直臂直膝，充分拉伸肩部关节。

动感体能

2. 练习名称：左右象限跳

时间/组数： 30个/组×5组

练习方法： 地上贴一条标志线，从标志线一侧出发，双腿起跳，并腿跳至标志线另一侧，左右往返进行。每组间歇1分钟，要求跳跃动作连贯。

3. 练习名称：超级毛毛虫

时间/组数： 3～5米/组×10组

练习方法： 身体呈拱形俯撑。两手分别向前移动，身体平直后停止；然后两脚分别向前移动至准备姿势，重复进行。每组间歇1分钟，要求腿不能弯曲。

4. 练习名称：十字象限跳

时间/组数：1分钟/组×5组

练习方法：地上贴十字标志线，双脚并拢同时起跳，按顺时针或逆时针方向依次按1—2—3—4区间连续跳过。每组间歇1分钟，要求动作连贯。

5. 练习名称：蜘蛛爬行

时间/组数：3～5米/组×5组

练习方法：屈膝仰撑。通过四肢交替向前移动。前行距离3～5米后折返回到起始位置，重复进行。每组间歇1分钟，注意动作协调、控制速度。

愉悦放松

6. 练习名称：体前屈拉伸

时间/组数：3分钟

练习方法：双腿分开，双手从腹前经体侧至头上斜上举（吸气），然后双手从斜上举经侧再至双手指尖触地（呼气），直腿下压、调整呼吸。

拓展与提示

本课练习对柔韧性和协调性要求较高，练习中注意动作连贯、特别是对核心部位的控制；循序渐进，逐渐增加运动量，切忌用力过猛！

第19课　灵敏和协调练习（二）

学练目标

通过各种反应灵敏素质的练习，掌握提升灵敏性和协调能力的练习方法。发展灵敏及协调等素质，提高居家运动兴趣和健身意识，培养合作精神。

健康加油站

灵敏素质是一种综合素质，与机体力量、速度、协调素质联系密切。经常练习能提高反应速度、动作速度和应变能力。

居家运动课堂

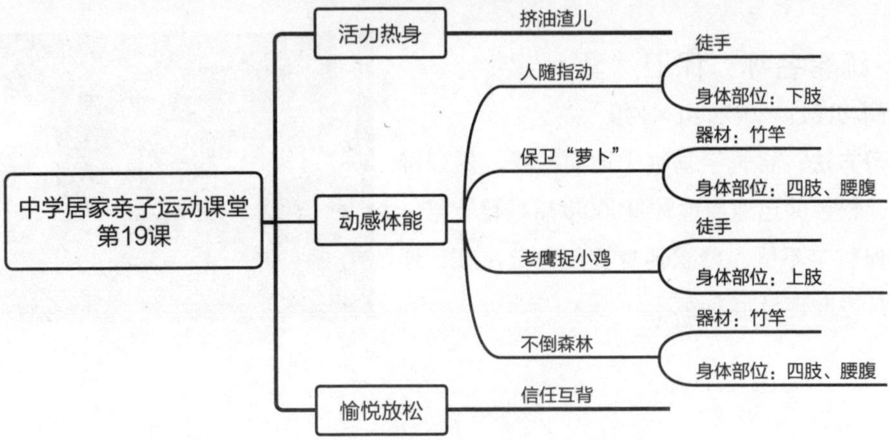

活力热身

1. 练习名称：挤油渣儿

时间/组数： 1分钟/组×2组

练习方法： 三人肩并肩靠墙站立。腿部蹬地，用肩部向中间挤压，被挤出者靠向队伍的旁边，再向中间挤。要求肩部挤压时不能有撞击动作。

动感体能

2. 练习名称：人随指动

时间/组数： 2分钟/组×3组

练习方法： 两人面对面站立，两脚左右开立，原地碎步跑，两臂配合摆动；根据指令者食指的指示立刻做出相应的动作。要求指示明确，反应迅速。

3. 练习名称：保卫“萝卜”

时间/组数： 20次/组×3组

练习方法： 将竹竿垂直于地面扶稳，做好准备。松手并迅速原地转身360度后扶稳竹竿，确保竹竿不倒。要求转身快而稳定，顺、逆时针方向转身都需练习。

4. 练习名称：老鹰捉小鸡

时间/组数：2分钟/组×3组

练习方法：由一人扮演老鹰，一人扮演鸡妈妈，其余扮演小鸡，拉住鸡妈妈的后衣襟。老鹰避开鸡妈妈抓小鸡，鸡妈妈张开双臂保护。注意控制摆幅，快速躲闪。

5. 练习名称：不倒森林

时间/组数：15次/组×5组

练习方法：三人面向半径1米的圆心站立，每人扶稳竹竿。听到"跑"的指令后松手，并迅速移动扶稳相邻的竹竿。要求反应迅速，竹竿不倒。

愉悦放松

6. 练习名称：信任互背

时间/组数：3分钟

练习方法：两人背对背站立，两腿分开与肩同宽，两人屈肘互扣。一人弯腰背起同伴，被背者双腿自然垂放、放松身体。放下要慢，角色互换。

拓展与提示

通过各种指令信号，训练人体在各种空间变化条件下迅速做出应激反应的能力。经常练习能提高灵敏素质、促进大脑皮层神经系统发育。

第20课　灵敏和协调练习（三）

学练目标

运用小器材进行各种形式的反应速度练习，掌握多种快速反应的练习方法。提升灵敏性和协调性等素质，提高运动兴趣，培养勇于挑战的优良品质。

健康加油站

灵敏素质是一种综合素质，与机体力量、速度、协调素质联系密切。经常练习能提高反应速度、动作速度以及应变能力。

居家运动课堂

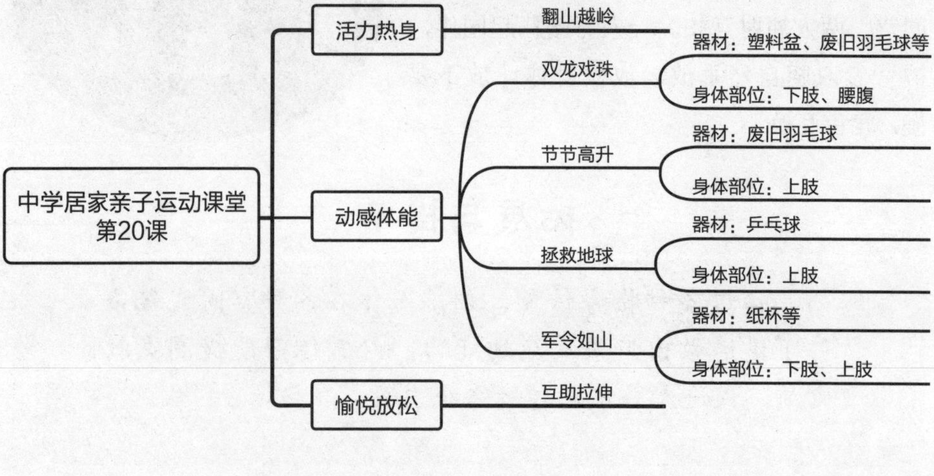

活力热身

1. 练习名称：翻山越岭

时间/组数：40次/组×3组

练习方法：垫上坐立，双腿屈膝，体前持球准备。一腿屈膝上抬，一腿伸膝下放，同时持球胯下“八字”绕环。每组间歇1分钟，要求身体平稳，动作连贯。

动感体能

2. 练习名称：双龙戏珠

时间/组数：8次进球/组×3组

练习方法：两人在篓筐两端面对站立。两脚内侧夹紧羽毛球，跳起将球向篓筐里抛投，投进篓筐为一次。每组间歇1分钟，注意抛投的力度与时机。

3. 练习名称：节节高升

时间/组数：15次接准/组×3组

练习方法：持羽毛球站立。将球垂直上抛后，双脚开合跳、双手背后击掌一次，然后迅速接住下落的羽毛球。每组间歇1分钟，要求抛稳、接准。

4. 练习名称：拯救地球

时间/组数： 10次接准/组×3组

练习方法： 两人面对站立，一人手托住乒乓球前上举，一人掌心向下举在球上方。托球者迅速撤开手臂，接球者在球落地前接住球。要求反应迅速、接准球。

5. 练习名称：军令如山

时间/组数： 10次/组×5组

练习方法： 两人在放置一物件的凳子两侧，做原地小步跑。当听到如"肩部"指令时两手迅速拍击肩部，听到"抢"的指令时迅速抢物件，先抢到10次者胜。

愉悦放松

6. 练习名称：互助拉伸

时间/组数： 3分钟

练习方法： 两人单腿站立，一手相互扶肩、一手抓住自己的脚背，腿部向后伸展做拉伸练习。然后换边拉伸练习。

拓展与提示

本课以游戏方式为主进行反应练习，强度虽然不大，但趣味性较强。在此基础上，鼓励亲子合作创造更多有趣的练习方法，与更多家庭分享。

第21课　灵敏和弹跳练习（一）

学练目标

通过各种形式的跳跃练习，掌握灵敏与弹跳的多种练习方法。提高弹跳能力，促进良好亲子关系，培养良好的运动习惯和团结协作精神。

健康加油站

弹跳力是全身力量、跑动速度、反应速度、身体协调性、柔韧性、灵活性的综合体现。综合的力量训练是增长弹跳的基础，可让你早日告别“肥肥”腿！

居家运动课堂

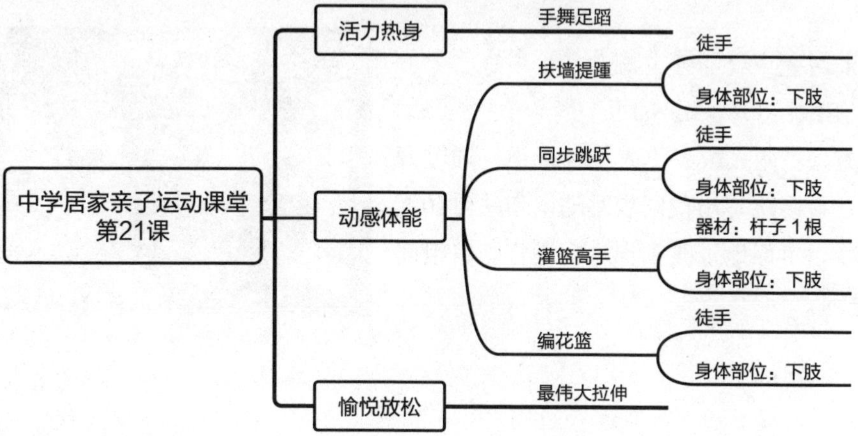

活力热身

1. 练习名称：手舞足蹈

时间/组数：30秒/组×3组

练习方法：两人面对站立，同时起跳，脚呈弓步，同侧手击掌，重复练习。可原地过渡到行进间进行。每组间歇1分钟，注意两人节奏保持一致。

动感体能

2. 练习名称：扶墙提踵

时间/组数：30个/组×3组

练习方法：面对墙面，双手贴墙面，保持身体直立，快速提起脚跟，最高点短暂停留，缓慢回落至起始位置，重复进行。每组间歇1分钟。

3. 练习名称：同步跳跃

时间/组数：30次/组×3组

练习方法：两人或者三人相互牵手，通过开合跳、弓步跳等步伐同步跳动，步法可10次一改变。可原地过渡到行进间进行。每组间歇1分钟。

4. 练习名称：灌篮高手

时间/组数：15次/组×3组

练习方法：一人持杆子斜上举，另一人助跑单脚起跳摸高，身体尽力伸展。在下落时，要屈膝缓冲着地，避免受伤。每组间歇1分钟。

5. 练习名称：编花篮

时间/组数：40秒/组×3组

练习方法：三人背向站立，每人右脚背勾在相邻同伴的膝关节处，组成一个大“花篮”，按照顺时针或逆时针转单脚跳，控制节奏。每组间歇1分钟。

愉悦放松

6. 练习名称：最伟大拉伸

时间/组数：3分钟

练习方法：右腿上前呈弓步蹲姿势，上身前趴，右手伸直向上旋转至最大幅度，左手撑地维持平衡。一侧结束，交换至另一侧重复同样的动作。

拓展与提示

本课练习强度较大，练习前务必充分热身，练习组数和时间可以根据自己体质状况适当调整。合理把控练习幅度与力度，加油哟！

第22课　灵敏和弹跳练习（二）

学练目标

运用纸杯进行各种形式的灵敏练习，掌握发展灵敏与弹跳的练习方法。增强下肢力量，提高速度、力量、灵敏等身体素质。在亲子合作练习中，融洽关系，增进身心健康。

健康加油站

怎样让你的“宅”时光多姿多彩，充满乐趣呢？就用小小纸杯开启你的快乐运动之旅吧！小纸杯，大乐趣，尽在居家游戏里。

居家运动课堂

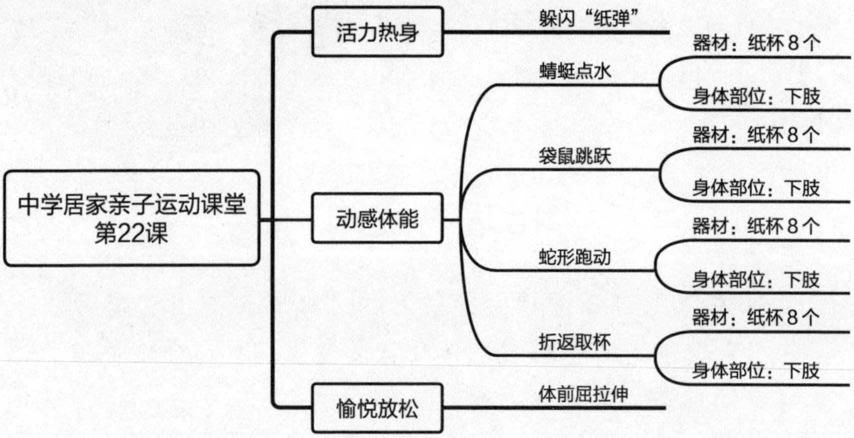

活力热身

1. 练习名称：躲闪“纸弹”

时间/组数：3～5分钟

练习方法：两人相距5～10米，一人快速抛投纸杯，另一人躲闪纸杯避免被砸中。1分钟后交换。

动感体能

2. 练习名称：蜻蜓点水

时间/组数：5轮/组×3组

练习方法：一脚屈膝提起，另一脚用力蹬地起跳，连续跃过一定间距的纸杯（间距可调整），根据所需高度、距离控制用力大小。间歇1分钟。

3. 练习名称：袋鼠跳跃

时间/组数：5轮/组×3组

练习方法：将纸杯间隔一定距离排成一行，双脚屈膝蹬地起跳，双脚落地，连续跃过纸杯。可与开合跳结合改变练习方法。间歇1分钟。

4. 练习名称：蛇形跑动

时间/组数：3局/组×5组

练习方法：两人一组PK竞速，S形跑动绕过间隔一定距离的纸杯，从最远端开始依次取回所有纸杯。间歇1分钟，注意跑动时不能跨过纸杯上方。

5. 练习名称：折返取杯

时间/组数：往返1次/组×5组

练习方法：在地面相距3～5米位置贴标志线，采用折返跑，将一侧的纸杯依次取回。间歇1分钟，注意在折返前要先降速降重心，再转身。

愉悦放松

6. 练习名称：体前屈拉伸

时间/组数：3～5分钟

练习方法：两腿并立，膝关节伸直，上体前屈，两手掌触地，上体与腿尽量贴近。复原姿势后连续再做，也可两手扶小腿后部来做。

拓展与提示

在进行室内运动时，运动量可以视孩子的能力反复进行，重在体验亲子运动的快乐。在练习过程中可以与孩子相互协商、分工协作。

第23课　灵敏和弹跳练习（三）

学练目标

通过各种跳跃练习，掌握单脚跳、双脚跳等各种跳跃动作和锻炼方法，增强腿部力量，提高身体灵敏素质，培养练习者运动兴趣和团队合作精神。

健康加油站

跳跃运动，不仅能增强腿部力量、提高弹跳能力，而且能促进骨骼生长、助长身高，对预防骨质疏松有一定的帮助。

居家运动课堂

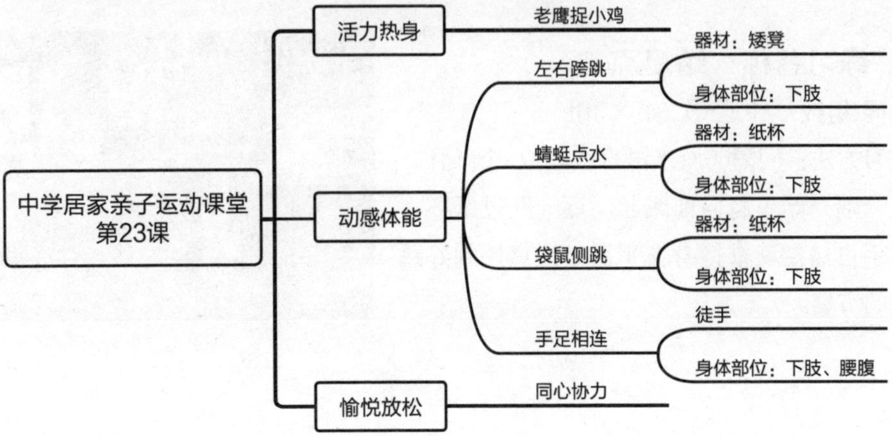

活力热身

1. 练习名称：老鹰捉小鸡

时间/组数： 2分钟

练习方法： 由一人扮演老鹰，一人扮演鸡妈妈，其余扮演小鸡，拉住鸡妈妈的后衣襟。老鹰捉小鸡，鸡妈妈张开双臂保护。注意控制摆幅，快速躲闪。

动感体能

2. 练习名称：左右跨跳

时间/组数： 40次/组×3组

练习方法： 侧对矮凳，外侧腿向内蹬地，内侧腿侧摆跨过矮凳，并着地呈单脚支撑，同时外侧腿提膝内收，重心内倾，两臂协调摆动。注意控制重心。

3. 练习名称：蜻蜓点水

时间/组数： 往返5次/组×3组

练习方法： 间隔60厘米沿直线摆放5个纸杯，从一端开始单腿向前跳起，逐一跃过纸杯，双手自然摆动维持身体平衡。注意控制好跳跃的节奏。

4. 练习名称：袋鼠侧跳

时间/组数：往返5次/组×3组

练习方法：间隔60厘米沿直线摆放5个纸杯，在一端侧向站立，两腿侧向蹬地逐一跃过纸杯，双脚着地，同时两臂自然摆动。注意控制行进速度。

5. 练习名称：手足相连

时间/组数：20个/组×5组

练习方法：两人面对站立，支撑腿跳起并缓冲落地，同时摆动腿抬起，脚背内侧互碰，两腿交替进行。要求两人练习节奏保持一致。

愉悦放松

6. 练习名称：同心协力

时间/组数：3分钟

练习方法：三人分腿而坐，互相牵手，脚掌相对；步调统一，向身体的同侧进行拉伸放松练习。

拓展与提示

本次课单腿跳跃、支撑动作多，下肢运动负荷较大，练习时注意调整节奏、控制强度；落地要屈膝缓冲、维持身体平衡，避免扭伤；心血管疾病患者不宜练习。

第24课 灵敏和反应练习

学练目标

通过各种形式的灵敏练习，掌握多种灵敏与反应练习的方法，提高运动兴趣，发展灵敏、反应等素质，培养积极乐观、团结向上的优良品质。

健康加油站

大脑皮层神经活动过程的灵活性及分析综合能力，是灵敏反应素质的重要生理基础，因此增强灵敏反应素质可以改善和提高各感受器官功能，刺激大脑发育。

居家运动课堂

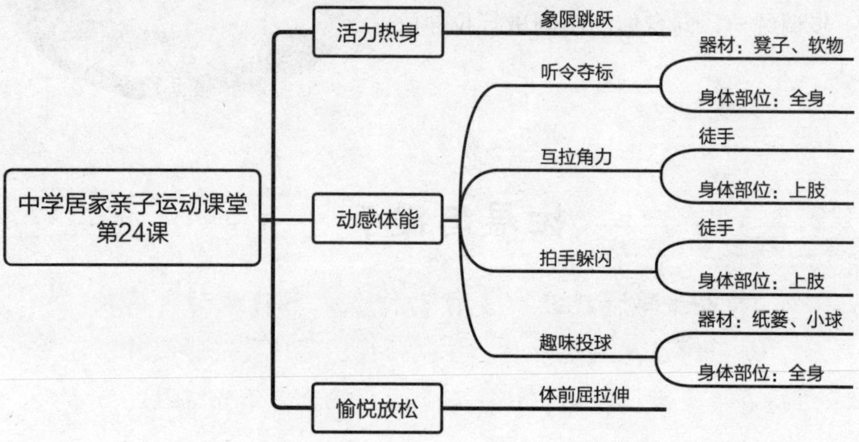

活力热身

1. 练习名称：象限跳跃

时间/组数：20次/组×3组

练习方法：两脚并立，在象限中心点做原地并脚跳，听到"一""二"等象限口令后迅速落到相应位置，然后跳回中心点。要求反应迅速、落位准确。

动感体能

2. 练习名称：听令夺标

时间/组数：15次/组×5组

练习方法：两人背对放置一小物件的凳子，做原地高抬腿。当听到口令后迅速转身抢小物件，抢到者获胜。每组间歇1分钟，要求反应迅速。

3. 练习名称：互拉角力

时间/组数：10局/组×5组

练习方法：两人单手互握面对面站立，两脚自然开立。开始角力，能使对方失去平衡双脚移动即获胜。每组间歇1分钟，注意控制力度，变向巧妙。

4. 练习名称：拍手躲闪

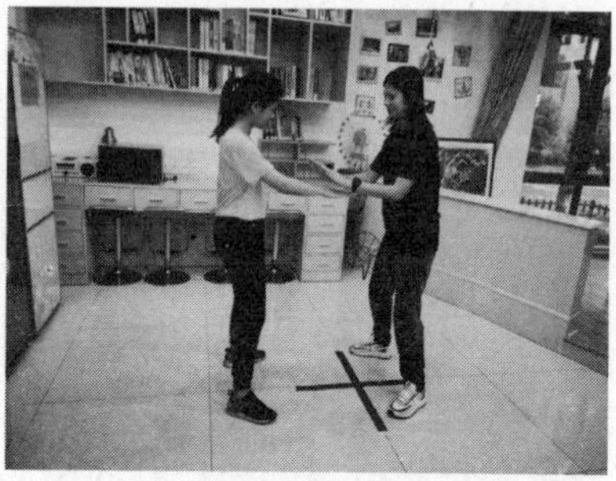

时间/组数：20次/组×5组

练习方法：两人面对面站立，掌心上下相对，双手在下面的一方快速抽出双手击打在上面一方的手背，被击打者迅速躲闪避免被打到。注意反应速度。

5. 练习名称：趣味投球

时间/组数：10次/组×5组

练习方法：两人相距3米站立，一人当投球手，一人在腰间挂小篮子为接球者。投球手定点投球，接球快速移动使球落入篮中。要求接球移动迅速，投球者准确投球。

愉悦放松

6. 练习名称：体前屈拉伸

时间/组数：3分钟

练习方法：双腿分开，双手从腹前经体侧至头上斜上举（吸气），然后双手从斜上举经侧再至双手指尖触地（呼气），直腿下压、调整呼吸。

拓展与提示

反应力是人体各种运动能力在运动过程中的综合体现。良好的反应力不仅有助于更快、更多、更准确、更协调地掌握运动技术，而且有效地防止伤害事件的发生。

第25课　灵敏和爆发力练习

学练目标

通过连续跳跃及快速起动等练习，掌握多种灵敏与爆发力练习的方法。增强爆发能力，提高灵敏、力量素质；促进良好亲子关系，培养良好运动习惯和竞争意识。

健康加油站

爆发力是指人在短时间内做出最大的功。这种力就像火药爆炸一样，能在一瞬间迸发出巨大的能量。

居家运动课堂

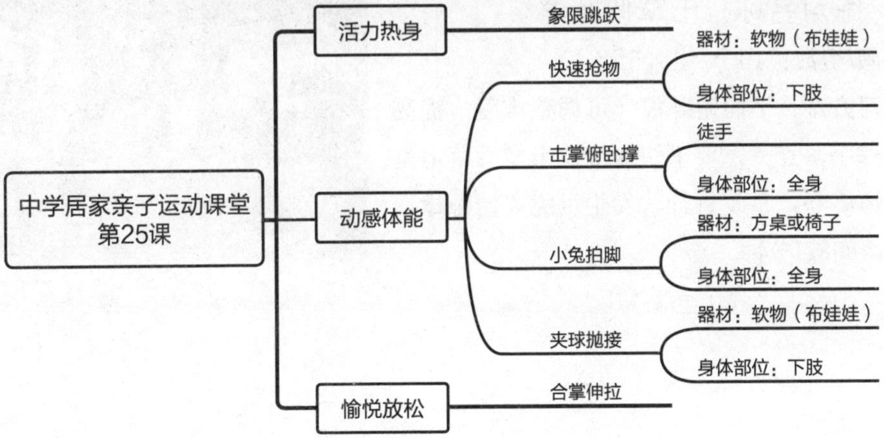

活力热身

1. 练习名称：象限跳跃

时间/组数：30秒/组×2组

练习方法：双脚并拢，微屈膝立于标志线一侧，双脚并拢按左右的顺序跳跃，重复进行。每组间歇1分钟。

动感体能

2. 练习名称：快速抢物

时间/组数：15次/组×3组

练习方法：两人相距3～5米，正面相对错肩站立。听口令后，同时启动抢夺对方起点脚下的物品，并快速返回到起始位置。每组间歇1分钟。

3. 练习名称：击掌俯卧撑

时间/组数：10个/组×5组

练习方法：平面俯卧撑（可调整难度，提高俯撑手落点），要求快速推地击掌后落地呈俯撑姿势，重复进行。女生可跪姿俯卧撑。每组间歇1分钟。

4. 练习名称：小兔拍脚

时间/组数： 10个/组×5组

练习方法： 俯撑于较高平面（如凳子），双手顶肩支撑，双腿快速向后蹬地，至最高处并腿后缓冲落地，高度可调整。每组间歇1分钟。

5. 练习名称：夹球抛接

时间/组数： 10个/组×5组

练习方法： 两人相距3～5米，双脚夹物，蹬地起跳，腾空后两小腿向前快速摆动，将轻物抛给另一方，重复进行。每组间歇1分钟。

愉悦放松

6. 练习名称：合掌伸拉

时间/组数： 2分钟

练习方法： 两人一组，通过拉手对抗用力，对肩部、手臂、腿部进行拉伸放松。

拓展与提示

本次课对身体灵敏性要求较高，练习时女生可降低动作难度，注意运动中的安全防护；根据自身体能把控练习幅度和频率。加油！

第26课 灵敏和力量练习

学练目标

运用纸杯进行各种形式的灵敏练习，掌握多种灵敏与力量的练习方法。增强腰腹部及上肢力量，发展快速反应能力，在玩中练，练中玩，享受居家运动的乐趣。

健康加油站

纸杯只能用来喝水？ NO！ NO！ NO！小纸杯还有大大的用处！找来小纸杯，全家齐动员，一起来运动，燃烧你的卡路里。

居家运动课堂

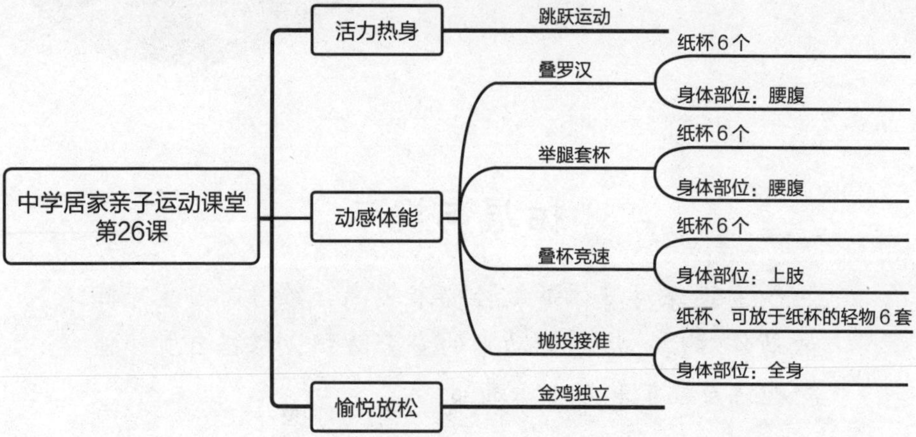

活力热身

1. 练习名称：跳跃运动

时间/组数：2个8拍/组×2组

练习方法：手脚配合进行原地开合跳、高抬腿练习，注意动作幅度和抬腿高度，热身充分。

动感体能

2. 练习名称：叠罗汉

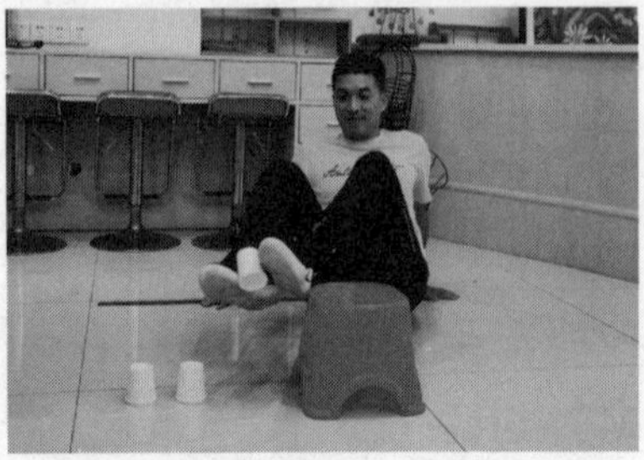

时间/组数：15次/组×3组

练习方法：臀部坐于地上，双手微屈臂后撑，腹部用力，用双脚将一侧纸杯夹到标志物另一侧重叠起来。每组间歇1分钟，注意保持身体平衡。

3. 练习名称：举腿套杯

时间/组数：15次/组×3组

练习方法：一人平躺于地面，双脚夹住纸杯，收腹举腿至后方，另一人坐于身后，将纸杯套叠，依次交换。每组间歇1分钟，注意腹部收紧。

4. 练习名称：叠杯竞速

时间/组数：5局/组×3组

练习方法：将数量相同的纸杯摆成排，俯卧支撑，左右手依次去拿纸杯，看谁先将杯子摆成“金字塔”。每组间歇1分钟，注意保持身体平稳。

5. 练习名称：抛投接准

时间/组数：5局/组×3组

练习方法：两人相距5～10米，一人抛投纸杯能容纳的轻物，另一人用纸杯接物。也可直接抛投纸杯，对方接住。间歇1分钟。

愉悦放松

6. 练习名称：金鸡独立

时间/组数：2分钟

练习方法：单腿站立，同侧手臂经前至侧上举以保持身体平衡，另一手抓住同侧脚背屈膝后伸。练习过程中注意挺直腰背，拉伸时腿部不要外展。

拓展与提示

此课用小纸杯作器材，新鲜有趣，且运动量适中，非常适合亲子互动。纸杯还能设计更多的运动，比如纸杯翻翻乐等，开动脑筋和家人一起探索吧！

第27课　柔韧和平衡练习

学练目标

通过各种形式的柔韧和平衡练习，掌握多种发展柔韧和平衡能力的方法。发展练习者平衡能力及力量、柔韧等素质。促进良好亲子关系，享受运动的乐趣，培养勇于克服困难的优良品质。

健康加油站

平衡能力是一切静态与动态活动的基础能力。发展平衡能力有利于提高运动器官和前庭器官的功能，提高适应环境和自我保护的能力。

居家运动课堂

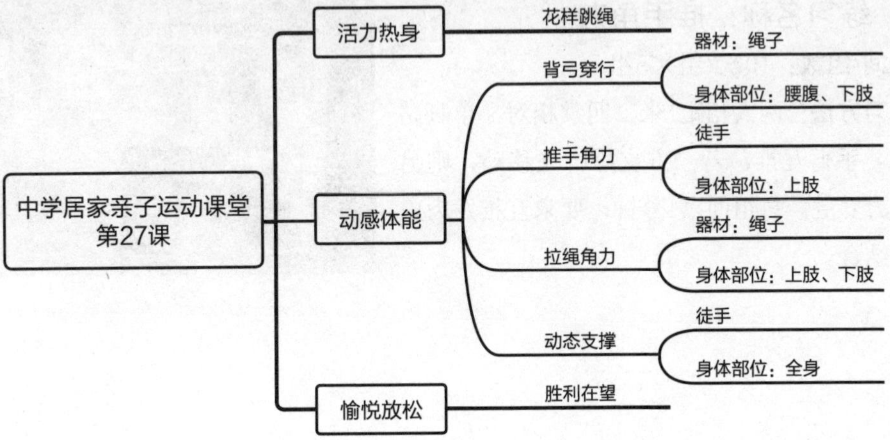

活力热身

1. 练习名称：花样跳绳

时间/组数：1分钟/组×3组

练习方法：利用家庭空间，用跳绳进行单人跳绳、双人跳绳、三人合作跳绳等热身练习。每组间歇1分钟。

动感体能

2. 练习名称：背弓穿行

时间/组数：5次/组×4组

练习方法：两人拉紧绳子设置一定高度障碍，一人面部朝上从绳下穿过。可调整绳高控制练习难度。每组间歇1分钟，要求不能碰绳。

3. 练习名称：推手角力

时间/组数：10次/组×5组

练习方法：两人相距1米，四掌相对，单脚站立。手臂互推，若一方支撑脚先移动，则另一方获胜。每组间歇1分钟，要求互推发力虚实结合。

4. 练习名称：拉绳角力

时间/组数： 10次/组×5组

练习方法： 两人相距2米，单手持绳子两端，固定站位。发力互拉，若一方两脚先移动，则另一方获胜。每组间歇1分钟，要求发力虚实结合。

5. 练习名称：动态支撑

时间/组数： 20次/组×3组

练习方法： 俯卧支撑准备，利用手肘力量，快速进行动态支撑练习。每组间歇1分钟，注意手肘配合和力量控制。

愉悦放松

6. 练习名称：胜利在望

时间/组数： 3分钟

练习方法： 两脚开立与肩同宽，双手从腹前经体侧至头上斜上举（吸气），然后双手从斜上举经侧再至双手指尖触地（呼气），直腿下压、调整呼吸。

拓展与提示

本课练习强度较大，在亲子对抗练习中，家长要把握力度的控制，注意场地及运动安全。练习者根据自身情况合理把控练习幅度与力度，一定要量力而行呀！

第28课　耐力和协调练习

学练目标

通过各种方式的跳绳练习，掌握发展耐力与协调能力的练习方法。提高耐力、协调和灵敏等身体素质。营造轻松和谐家庭氛围，培养良好运动习惯。

健康加油站

跳绳花样繁多，可简可繁，随时可做，一学就会，特别适宜居家健身运动。“玩”转跳绳，健康跃动，这就是你该拥有的时尚运动!

居家运动课堂

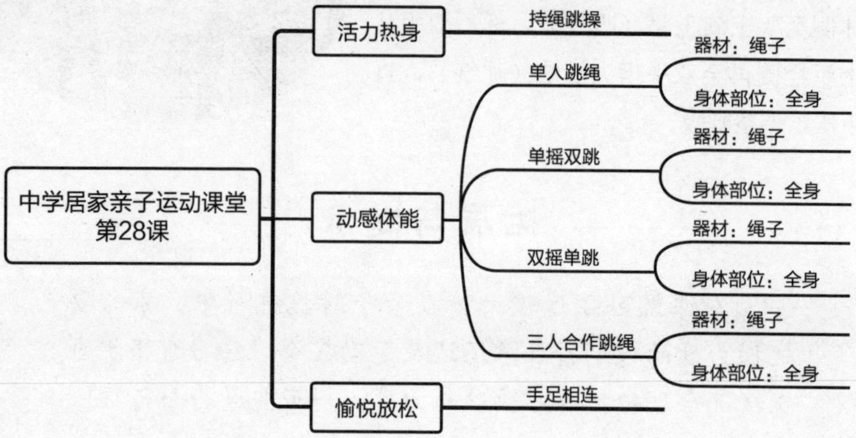

活力热身

1. 练习名称：持绳跳操

时间/组数：4个8拍/组×2组

练习方法：将绳对折，双手握绳两端，适当调整握绳间距，做转体、俯身和肩绕环的运动。注意节奏缓慢、身体舒展、关节充分活动。

动感体能

2. 练习名称：单人跳绳

时间/组数：1分钟/组×5组

练习方法：双手腕摇绳，手脚协调配合，向上跳起3～5厘米。前脚掌起跳和落地，每组间歇2分钟，注意落地时屈膝缓冲。

3. 练习名称：单摇双跳

时间/组数：1分钟/组×5组

练习方法：两人面对面（也可同向）站立，一人肘关节尽量外展摇绳，两人同跳。每组间歇2分钟，注意保持跳跃节奏协同一致。

4. 练习名称：双摇单跳

时间/组数：1分钟/组×5组

练习方法：两人面对面站立，同时摇绳，一人侧身并脚跳入，另一人持续摇绳。每组间歇2分钟，注意两人保持摇绳节奏一致。

5. 练习名称：三人合作跳绳

时间/组数： 100次/组×3组

练习方法： 两人摇绳，第三人跳入。两名摇绳者要尽量保持摇绳速度、幅度一致，跳绳者听声音判断节奏，跳完100次后交换练习。注意控制好摇绳的节奏。

愉悦放松

6. 练习名称：手足相连

时间/组数： 3分钟

练习方法： 两人分腿坐，脚掌相对，两人手拉手，互相牵拉屈体，对大腿进行拉伸放松。注意控制好拉伸节奏与幅度。

拓展与提示

为保护脚踝，跳绳练习时要穿鞋底软、重量轻的高帮鞋。初学者宜用硬绳，熟练后可改为软绳。控制好跳跃的高度，保护膝关节很重要哟！

第29课　耐力和力量练习

学练目标

通过各种合作方式的跑跳练习，掌握发展耐力与力量的练习方法。提高下肢力量，促进耐力、灵敏和协调素质的发展，建立良好亲子关系，培养团队协作精神。

健康加油站

耐力是人体长时间进行持续肌肉工作的能力。增加耐力练习让你早日告别“小肚腩”哟！

居家运动课堂

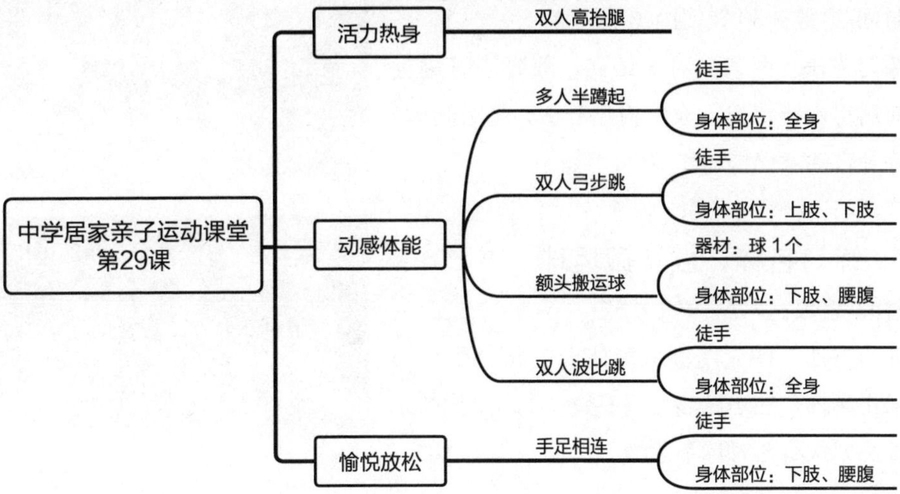

活力热身

1. 练习名称：双人高抬腿

时间/组数： 1分钟/组×3组

练习方法： 保持上身挺直，两腿交替抬至水平，高抬腿同时相互击掌，频率可由慢到快。每组间歇1分钟，注意两人的动作节奏一致。

动感体能

2. 练习名称：多人半蹲起

时间/组数： 20个/组×3组

练习方法： 保持上身挺直，三人围圈、手心相对，缓慢蹲起动作，直腿同时手心相互击掌。每组间歇1分钟，注意上身始终保持正直。

3. 练习名称：双人弓步跳

时间/组数： 30个/组×3组

练习方法： 两人面对面站立，双脚同时进行前后弓步跳练习，双手相互击掌。每组间歇1分钟，注意保持动作节奏一致。

4. 练习名称：额头搬运球

时间/组数： 2分钟/组×3组

练习方法： 两人用额头顶住一小球，在3～5米距离内，左右跨步往返移动。每组间歇1分钟。要求练习时球不落地。

5. 练习名称：双人波比跳

时间/组数：20个/组×5组

练习方法：站立开始。下蹲，双脚后跳，呈俯撑姿势；收腿起跳呈蹲撑；最后原地快速起跳。每组间歇1分钟，注意控制好练习节奏。

愉悦放松

6. 练习名称：手足相连

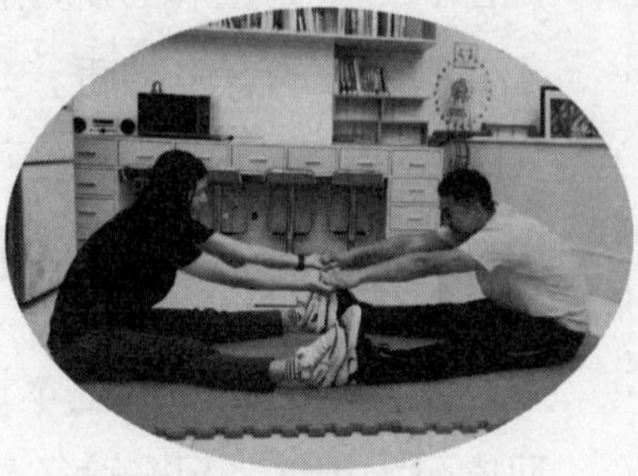

时间/组数：3分钟

练习方法：两人分腿坐，脚掌相对，两人手拉手，互相牵拉屈体，对大腿进行拉伸放松。注意控制好拉伸节奏与幅度。

拓展与提示

本课练习强度较大，练习时可以降低动作难度，注意节奏的一致性和对身体的控制，根据自身情况合理把控练习幅度与频率，一定量力而行哟！

第30课 耐力和爆发力练习

学练目标

通过各种跳跃练习，掌握发展耐力与爆发力的练习方法。提高上、下肢力量和心肺功能，促进耐力与爆发力的发展，培养勇于克服困难的意志品质。

健康加油站

发展耐力素质的基本途径有两个，一是增强肌肉力量、提高肌肉耐力训练，另一途径是提高心肺的功能。

居家运动课堂

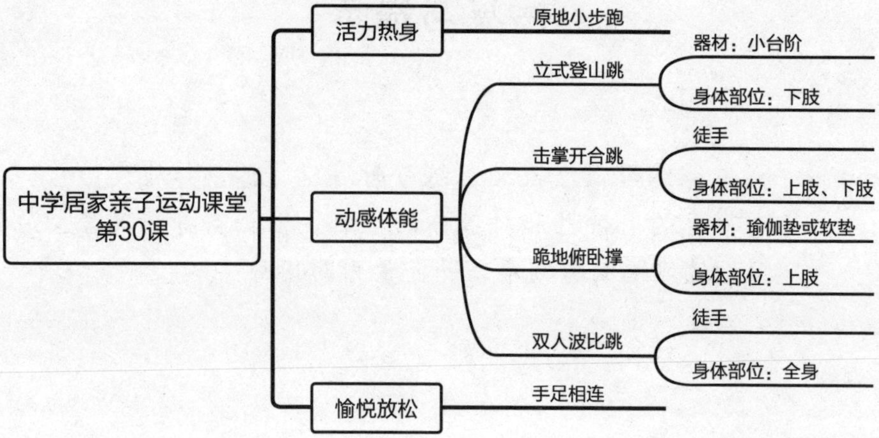

活力热身

1. 练习名称：原地小步跑

时间/组数：80次/组×3组

练习方法：上体正直，膝关节放松，两腿交替抬腿前摆和下压着地，两臂前后摆动。每组间歇1分钟，注意下压时前脚掌扒地式着地，髋、膝关节伸直。

动感体能

2. 练习名称：立式登山跳

时间/组数：40次/组×3组

练习方法：两脚分别踏在高20厘米的台阶上下准备，然后快速登上台阶，跳起落地时两腿换位。双人练习时，控制节奏，双方同侧脚登台阶。每组间歇1分钟，要求跳起时充分蹬伸髋、膝、踝关节。

3. 练习名称：击掌开合跳

时间/组数：40次/组×3组

练习方法：第1拍，左右开跳，同时双臂经体侧在头顶上方击掌；第2拍，合跳还原。每组间歇1分钟，要求跳跃时身体往头上方延伸。

4. 练习名称：跪地俯卧撑

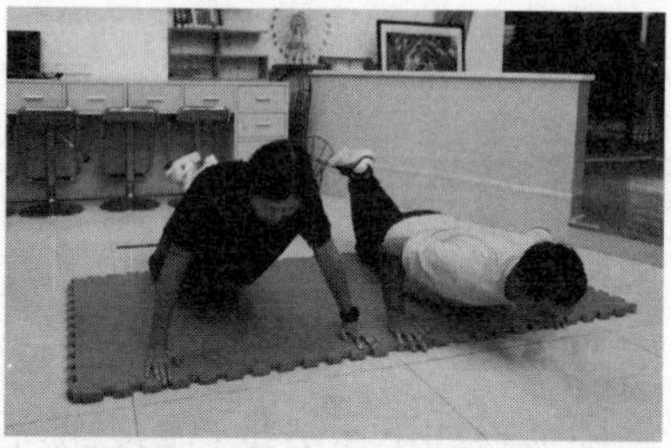

时间/组数：25次/组×3组

练习方法：两臂俯撑，略宽于肩，髋关节挺直，双膝呈跪姿，前腿后抬离地；然后做俯卧撑练习。每组间歇1分钟，要求身体保持平直。

5. 练习名称：双人波比跳

时间/组数：20个/组×5组

练习方法：站立开始。下蹲，双脚后跳，呈俯撑姿势；收腿起跳呈蹲撑；最后原地快速起跳。每组间歇1分钟，注意控制好练习节奏。

愉悦放松

6. 练习名称：手足相连

时间/组数：3分钟

练习方法：两人分腿坐，脚掌相对，两人手拉手，互相牵拉屈体，对大腿进行拉伸放松。注意控制好拉伸节奏与幅度。

拓展与提示

本课练习强度较大，练习者可根据自身情况适当降低要求。由于跳跃动作较多，练习时注意屈膝缓冲避免扭伤，心血管疾病患者不宜练习。

中学居家个人运动课堂

增强体质　锤炼意志　健全人格

运动中展现青春的活力

第31课　个人上肢力量练习

学练目标

通过各种支撑练习，掌握发展上肢力量的锻炼方法，提高学生对上肢力量练习的兴趣，发展上肢力量、灵敏、柔韧等身体素质，培养乐观开朗、积极进取、勇于挑战的优良品质。

健康加油站

青春风采怎么能少了健美的身形呢？线条完美的肌肉可以让你拥有挺拔身姿，塑造阳光活力的你，加油吧！

居家运动课堂

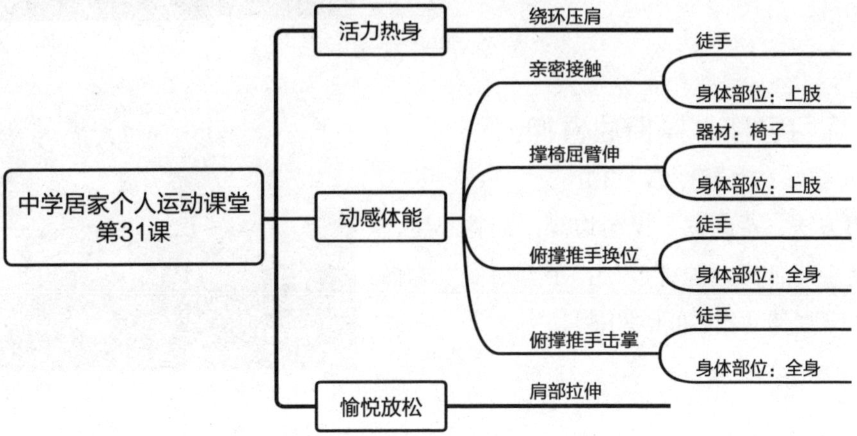

活力热身

1. 练习名称：绕环压肩

时间/组数：4个8拍/组×1组

练习方法：肩部绕环——上身正直，两臂下垂，让双肩后展，做以肩关节为中心的绕环动作。压肩——双手扶椅靠背，双脚左右分开，与肩同宽或稍宽，上体前俯，挺胸，塌腰，收髋，做下压振肩动作。

动感体能

2. 练习名称：亲密接触

时间/组数：10次/组×3组

练习方法：手掌撑于地面，核心收紧，单臂交替去触碰异侧肩、髋、脚，循环往复。间歇30秒。

3. 练习名称：撑椅屈臂伸

时间/组数：2分钟/组×3组

练习方法：背向双手撑椅边缘，屈膝90度，保持躯干伸直，腿部放松，手臂后侧发力做肘关节屈伸动作。间歇30秒。

4. 练习名称：俯撑推手换位

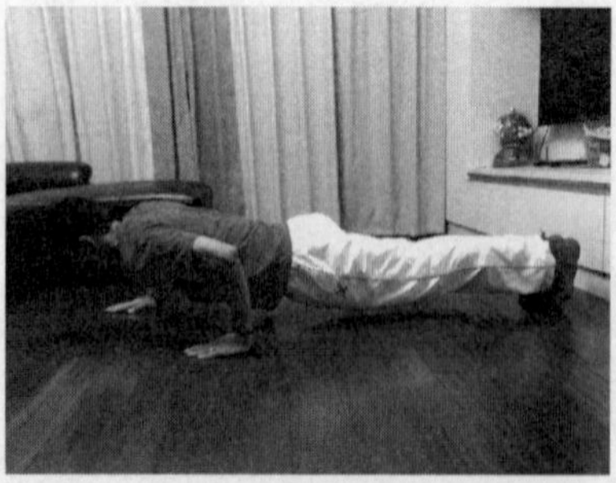

时间/组数：30个/组×3组

练习方法：俯撑地面，双手前后错距支撑，身体保持一条直线，双臂同时发力，将上身弹起然后双臂迅速交换位置。注意俯卧吸气，撑起呼气，女生可跪姿动作完成。间歇30秒。

5. 练习名称：俯撑推手击掌

时间/组数：2分钟/组×3组

练习方法：俯卧撑地，屈肘下压，手臂发力，使上身尽可能腾空，双手迅速在胸部处拍掌后分开触地，女生可跪姿动作完成。间歇30秒。

愉悦放松

6. 练习名称：肩部拉伸

时间/组数：2分钟

练习方法：一手臂伸直，另一手抱住其大臂向身体靠拢（肩水平内收），左右臂交替进行。

拓展与提示

上肢力量练习应遵循循序渐进、区别对待、适宜负荷原则，负荷太大容易造成运动损伤和过度疲劳。这是取得最佳运动效果的前提。

第32课　个人下肢力量练习

学练目标

通过各种方式的下肢练习掌握腿部力量练习方法，发展力量、灵敏、弹跳等身体素质，形成良好运动习惯，减少运动损伤，锤炼意志品质，体会成功的快乐。

健康加油站

长期进行下肢力量练习的人，身材比例会更协调。而腿部肌肉越多，越能够有效地保护我们的关节和骨骼，帮助延缓腿部衰老。

居家运动课堂

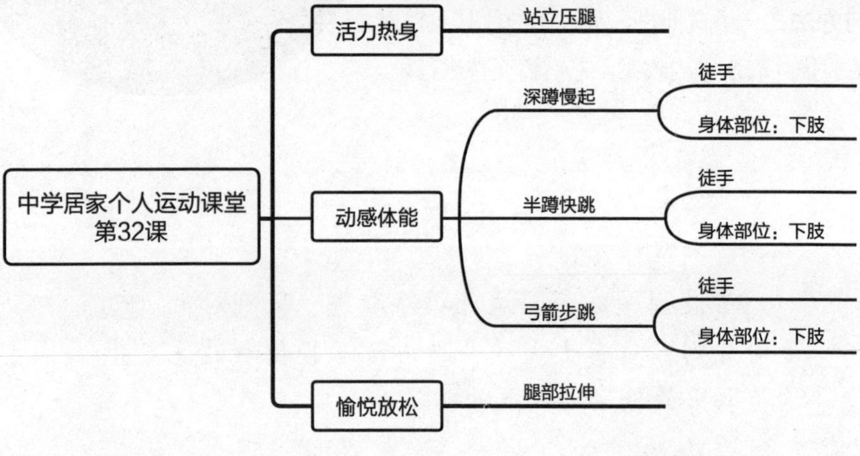

活力热身

1. 练习名称：站立压腿

时间/组数： 3分钟

练习方法： 双腿前后开立，后腿半弯曲，前腿正直脚尖勾起，身体上下起伏充分拉伸。左右腿交替进行。

动感体能

2. 练习名称：深蹲慢起

时间/组数： 15～20次/组×3组

练习方法： 两脚外八字站立，腰背挺直垂直往下蹲至大腿与地面平行，保持膝盖与脚尖方向一致。蹲起时腰背挺直，膝盖伸直，双手从两侧伸至头顶上方。间歇1分钟。

3. 练习名称：半蹲快跳

时间/组数： 15～20次/组×3组

练习方法： 腰背挺直、腹部收紧，下蹲至大腿与地面平行，利用半蹲时大腿和腿部的肌肉弹性跳起，在起跳瞬间发力，手臂配合在空中击掌，落地时主动下蹲缓冲。间歇1分钟。

4. 练习名称：弓箭步跳

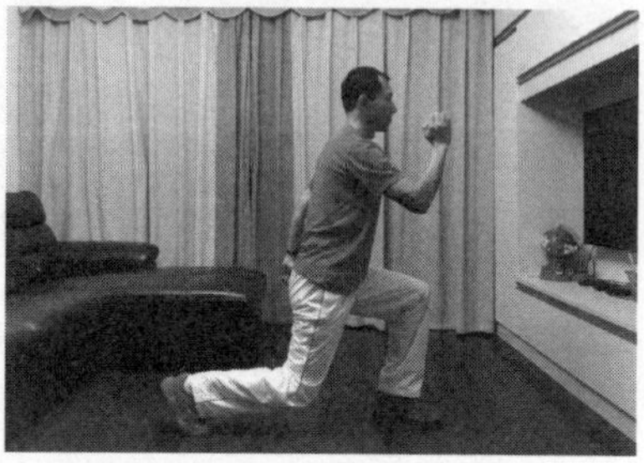

时间/组数：15～20次/组×3组

练习方法：两脚前后开立呈弓箭步，手臂位于体侧，用力蹬地起跳，然后两腿在空中交换，手臂自然摆动；落地时变换成另一条腿在前的弓箭步。注意不可含胸、弯腰，跨距不可太小。间歇1分钟。

愉悦放松

5. 练习名称：腿部拉伸

时间/组数：3～4分钟

练习方法：单腿直立，用手握住同侧腿脚尖向上拉伸至脚后跟紧贴臀部，另一侧手臂正直上举，保持平衡。左右腿各1～2分钟。

拓展与提示

本课练习强度较大，练习组数、次数可根据自己体质状况适当调整。合理把控练习幅度与力度，每次练习时注意动作衔接紧密，频率逐渐加快，幅度逐渐加大。

第33课　个人腰腹力量练习

学练目标

通过各种方式的腰腹练习，掌握多种腰腹力量练习的方法。发展腰腹力量、柔韧、协调等身体素质，培养敢于挑战、坚韧不拔的意志品质。

健康加油站

卷腹这类传统腰腹练习，主要锻炼腹肌浅层肌肉，目的是增强核心力量。做卷腹练习时，我们很快就会感觉到浅层腹肌的酸胀烧灼感。

居家运动课堂

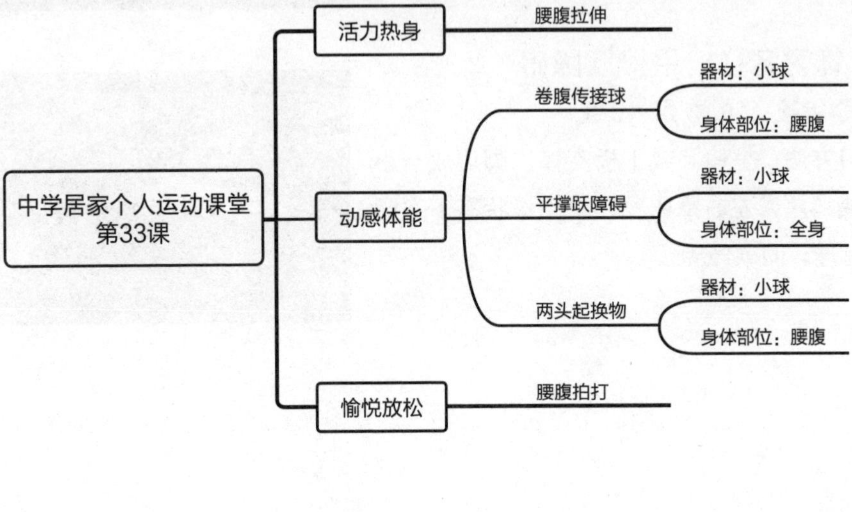

活力热身

1. 练习名称：腰腹拉伸

时间/组数：3分钟

练习方法：前后拉伸——左右开立，双手直臂上举，向后拉伸，2个8拍。左右拉伸——两脚左右开立，与肩同宽，抬头挺胸，然后做侧身弯腰练习，拉伸腰部肌肉与韧带，左右各2个8拍。

动感体能

2. 练习名称：卷腹传接球

时间/组数：20次/组×3组

练习方法：对墙呈仰卧，双腿分开微屈，双手持球于胸前，收腹起，对墙传球，接反弹球后，还原成仰卧。间歇1分钟。

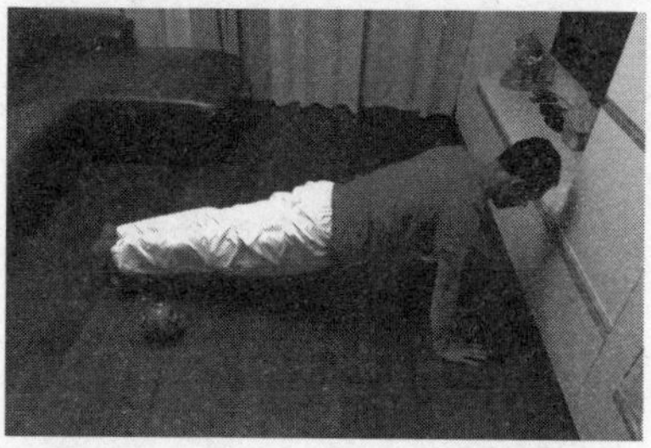

3. 练习名称：平撑跃障碍

时间/组数：20次/组×3组

练习方法：呈俯卧或平板支撑，脚边放一小球或15厘米左右障碍物，呈支撑状态下双脚跳过球。间歇1分钟。

4. 练习名称：两头起换物

时间/组数：20次/组×3组

练习方法：仰卧，双手伸直于头上，持一小球。两头起，双手将球交于两脚之间夹球，还原成仰卧。再一次两头起，双手将球从两脚之间取球，还原成仰卧。间歇1分钟。

愉悦放松

5. 练习名称：腰腹拍打

时间/组数：2分钟

练习方法：用手轻轻拍打腰腹部，使肌肉放松。

拓展与提示

核心训练包括核心力量训练和核心稳定性训练。一类是动力性练习（核心力量），例如卷腹、仰卧起坐、仰卧两头起；另一类是静力性练习（核心稳定性），例如平板支撑。

第34课　个人全身力量练习

学练目标

通过各种方式的上下肢练习，掌握多种力量素质练习的动作要领与方法。提高上下肢力量，增强身体灵活性，培养专注力和坚定的意志品质。

健康加油站

你想拥有“麒麟臂”“倒三角”“马甲线”身材吗？那就进行力量训练吧！针对目标肌群进行锻炼就能打造理想身材线条，让你的身材更匀称，体魄更健美。

居家运动课堂

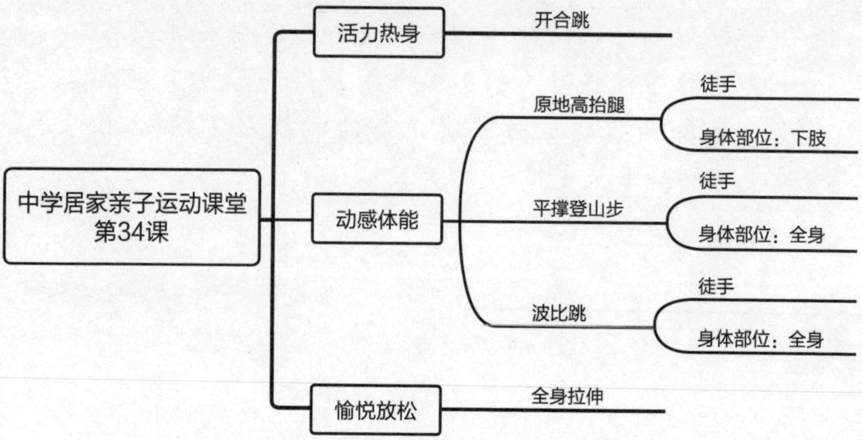

活力热身

1. 练习名称：开合跳

时间/组数：30个/组×3组

练习方法：站姿跳跃，双脚往外张开约1.5倍肩宽，双手头顶方向击掌，手肘尽量伸直在头部两侧夹紧。再跳一次后双脚并拢，双手拍大腿两侧，重复进行。间隔1分钟。

动感体能

2. 练习名称：原地高抬腿

时间/组数：1分钟/组×3组

练习方法：前脚掌着地发力，膝盖与脚尖保持向前，抬腿至略高于髋部，注意挺胸收腹，呼吸自如，重心稳定，落地屈膝缓冲。间隔1分钟。

3. 练习名称：平撑登山步

时间/组数：30个/组×3组

练习方法：双手平撑于地面，手臂支撑身体，腹部核心发力带动大腿膝盖前顶，同时支撑脚发力蹬地，把整条腿向前送。注意保持身体稳定，双脚交替支撑。间隔1分钟。

4. 练习名称：波比跳

时间/组数： 20个/组×3组

练习方法： 直立开始下蹲，双手撑地，双脚往后跳，呈俯撑姿势，完成一个俯卧撑后缩回双腿，并腿向上跳起缓冲落地。间隔1分钟。

愉悦放松

5. 练习名称：全身拉伸

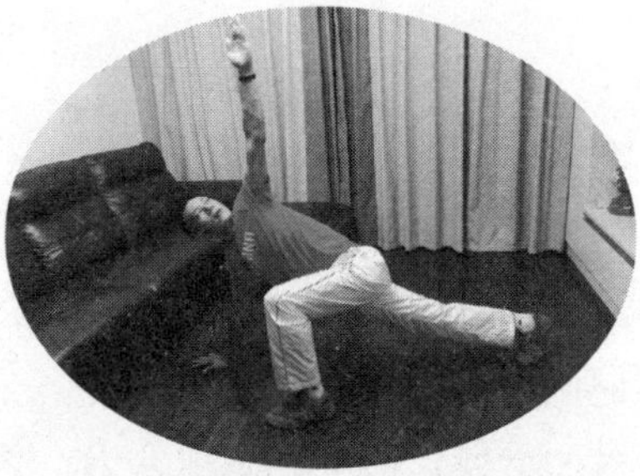

时间/组数： 3分钟

练习方法： 弓步拉伸，异侧手扶地，另一侧手臂直上举拉伸，左右交替进行。

拓展与提示

力量训练前一定要做热身和伸展运动，力量训练过程中要配合呼吸，一般原则是放松时吸气，用力时吐气，同时保持胸背挺拔，力量训练后要及时放松。

第35课　个人速度练习（一）

学练目标

通过各种方式跑步动作练习，掌握多种速度素质练习的方法，发展身体速度、灵敏和协调素质，不断突破自己，享受运动乐趣。

健康加油站

经常进行全身性速度素质的锻炼，有助于调动身体各个部位的反应速度、动作速度和位移速度，不断激活神经，提高思维和动作的敏捷度。

居家运动课堂

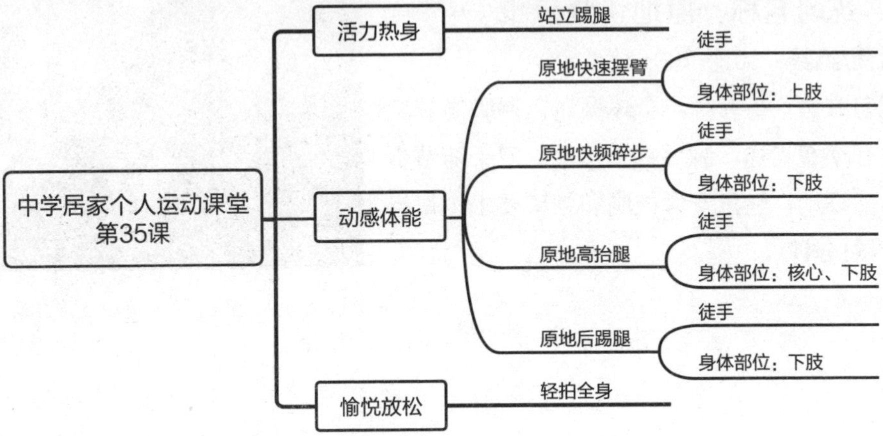

活力热身

1. 练习名称：站立踢腿

时间/组数：2分钟

练习方法：进行4个8拍的站立正踢腿练习。要求踢腿时身体直立、直膝且有一定高度。左右腿交替进行。

动感体能

2. 练习名称：原地快速摆臂

时间/组数：50次/组×3组

练习方法：练习时，身体微微前倾站定，双手握空拳，手肘固定，以肩为轴，两手臂在体侧前后快速摆动，摆臂幅度和高度不宜过大，后期依据情况可负重进行摆臂练习，每组间歇1分钟。

3. 练习名称：原地快频碎步

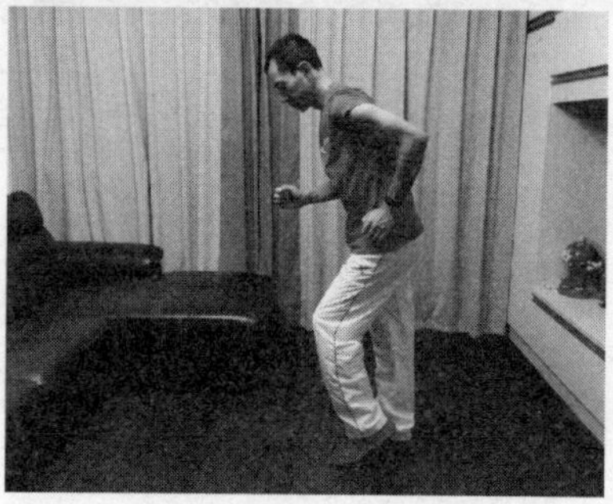

时间/组数：50次/组×3组

练习方法：练习时，身体微屈，两脚高频率进行交替支撑，脚后跟不落地，双手随节奏自然摆动，注意身体控制和频率要求，每组间歇1分钟。

4. 练习名称：原地高抬腿

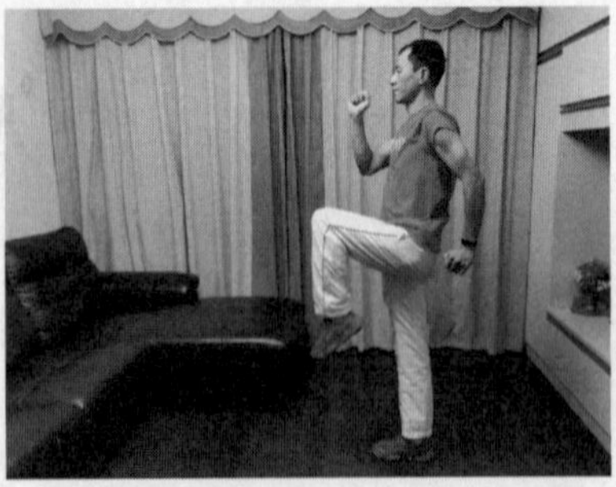

时间/组数：60个/组×3组

练习方法：练习时，上体保持正直，两手臂前后随节奏自然摆臂，两脚高抬，膝盖高度超过髋关节或大腿与地面平行，小腿自然放松，注意维持身体平衡，保持抬腿高度和交替速度，每组间歇1分钟。

5. 练习名称：原地后踢腿

时间/组数：60次/组×3组

练习方法：练习时，两手背至背后，大腿至上体皆保持正直，利用膝关节的屈伸，进行小腿快速折叠后踢练习，注意支撑时脚后跟不着地，大腿自然下垂，每组间歇1分钟。

愉悦放松

6. 练习名称：轻拍全身

时间/组数：2分钟

练习方法：利用手掌或握拳状，对全身各部位的肌肉进行快速拍打和抖动，促进机体的有效放松和积极恢复。

拓展与提示

速度练习前，务必做好神经调动和身体部位的热身活动，避免运动损伤。练习时要循序渐进，切忌运动节奏过快过猛。练习后，注意积极休息，拉伸或拍打放松，有效恢复身体机能。

第36课　个人速度练习（二）

学练目标

通过各种方式的跑、跳及力量练习，掌握多种速度素质练习的方法，发展身体速度、灵敏、力量和爆发能力，不断突破自己，享受运动乐趣。

健康加油站

速度素质包括反应速度、动作速度与位移速度，三者之间既有联系，又有区别。反应速度着重表现在神经活动方面，动作与位移速度则着重表现在肌肉活动方面。快！快！快！运动起来吧！

居家运动课堂

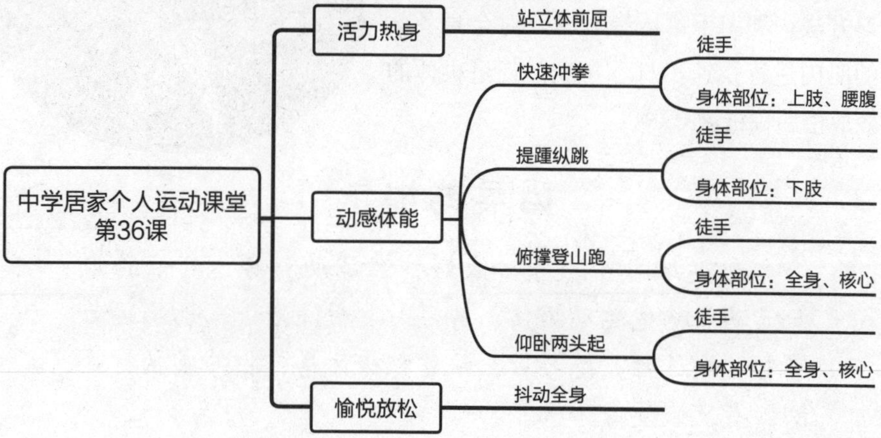

活力热身

1. 练习名称：站立体前屈

时间/组数：2分钟

练习方法：站立进行4个8拍的体前屈练习。要求体前屈时直膝，手尽量触地。

动感体能

2. 练习名称：快速冲拳

时间/组数：30次/组×3组

练习方法：两脚前后站立，与肩膀同宽，下身保持不动，练习时，两手臂连续快速向前冲拳，冲拳频率和速度要保质，后期依据情况可负重进行摆臂练习，每组间歇1分钟。

3. 练习名称：提踵纵跳

时间/组数：30次/组×3组

练习方法：身体直立，两脚与肩同宽。练习时，利用脚掌、踝关节蹬伸力量，连续快速垂直起跳，落地后脚跟不落地，膝关节微屈，双手随身体节奏自然助力摆动。每组间歇1分钟，注意纵跳高度和控制身体平衡。

4. 练习名称：俯撑登山跑

时间/组数：30次/组×3组

练习方法：俯卧支撑准备，练习时，上体保持平衡，与地面基本平行，两腿利用后蹬力量，快速交替向前提拉，如跑步一般。每组间歇1分钟，注意俯卧支撑平衡和两腿提拉距离。

5. 练习名称：仰卧两头起

时间/组数：20次/组×3组

练习方法：仰卧平躺准备，练习时，利用腰腹力量，四肢快速离地做相向运动，随即快速还原，依次反复。每组间歇1分钟，注意两头起时双手尽量触摸双脚，还原时身体尽量控制。

愉悦放松

6. 练习名称：抖动全身

时间/组数：2分钟

练习方法：利用四肢的抖动进行各部位及全身的肌肉放松。注意放松发力，身体舒展自然。

拓展与提示

速度素质的发展水平在相当程度上受到人体生长发育水平的制约。7～13岁的青少年处在速度素质的快速增长期（敏感期）。加强练习的功效会事半功倍哟！

第37课　个人速度练习（三）

学练目标

利用各种居家场地及小器材进行速度练习，掌握多种速度素质的练习方法，发展身体速度、灵敏、力量和爆发能力，不断突破自己，享受运动乐趣。

健康加油站

坚持日常速度素质的练习，不仅能提高中枢神经的活力，以及身体的灵敏度，同时，还能提升个人应急反应和紧急避险能力。

居家运动课堂

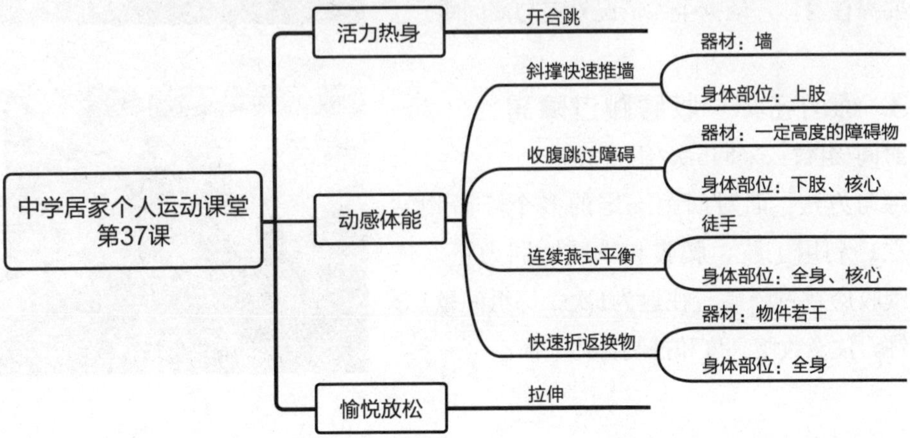

活力热身

1. 练习名称：开合跳

时间/组数：2分钟

练习方法：进行4个8拍的开合跳练习。要求开合跳时手臂伸直，开合幅度尽量大。

动感体能

2. 练习名称：斜撑快速推墙

时间/组数：20次/组×3组

练习方法：原地对墙站立，保持一定距离。练习时，利用身体重力自然前倒，身体接触墙前双手曲臂支撑，随即利用手臂力量快速推墙，使身体还原成直立状态，连续练习20次为一组，每组间歇1分钟，注意前倒时手臂要撑住身体，依据个人情况设定与墙间距。

3. 练习名称：收腹跳过障碍

时间/组数：来回5次/组×3组

练习方法：面对间距一定的多个障碍物站立。利用上肢、腰腹和下肢协同力量，连续收腹跳过障碍，往返为1次。每组间歇1分钟，注意收腹高度和控制身体平衡。

4. 练习名称：连续燕式平衡

时间/组数：20次/组×3组

练习方法：俯身站立准备。练习时，双手在体前体后做收展动作，同时一脚支撑，另一脚向后做举腿展体动作，上下肢协同配合，呈动态的“燕子平衡”。每组间歇1分钟，注意维持身体平衡和举腿高度。

5. 练习名称：快速折返换物

时间/组数：30次/组×3组

练习方法：手握换物件，站立在设定的折返场地内，快速做往返换物练习。每组间歇1分钟，注意场地大小依据居家条件而定。

愉悦放松

6. 练习名称：拉伸

时间/组数：2分钟

练习方法：一手直臂，一手屈肘相互交叉进行上肢肩带的拉伸放松。分别对下肢进行站立压腿放松。注意动作不宜过大。

拓展与提示

速度练习前，务必做好身体部位的热身活动，避免运动损伤。练习中，循序渐进，切忌运动节奏过快过猛。练习后，注意休息，拉伸或拍打放松，有效恢复身体机能。

第38课　个人速度练习（四）

学练目标

利用各种居家物品进行个人速度练习，掌握多种速度素质的趣味练习方法，发展身体速度、灵敏、力量和爆发能力，不断突破自己，享受运动乐趣。

健康加油站

速度是完成动作的重要因素，它与动作的准备状态、熟练程度、灵巧性与协调性、快速力量及速度耐力水平等有关。练习中常用改变动作速度来调节练习强度进而改变其对机体的影响。

居家运动课堂

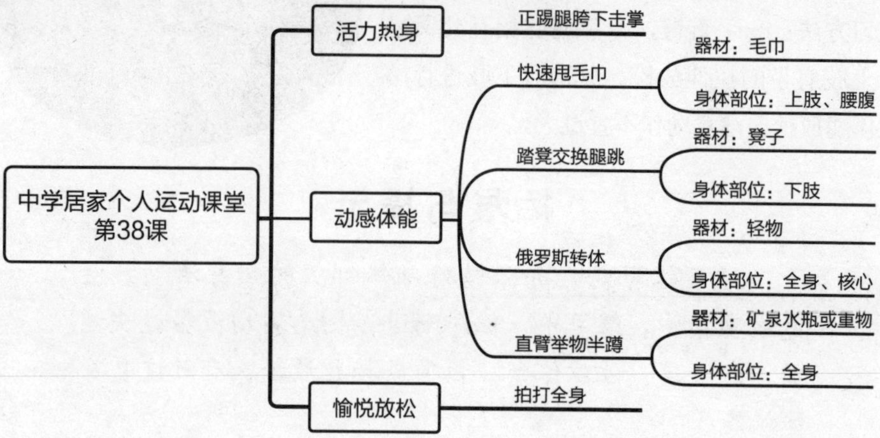

活力热身

1. 练习名称：正踢腿胯下击掌

时间/组数： 2分钟

练习方法： 进行4个8拍的正踢腿胯下击掌练习。注意正踢腿时直膝且有一定高度。左右腿交替进行。

动感体能

2. 练习名称：快速甩毛巾

时间/组数： 30次/组×3组

练习方法： 两脚前后站立，与肩膀同宽，下身保持不动，练习时，一手握住毛巾快速向体前甩出。每组间歇1分钟，注意练习环境安全和保证出手速度。

3. 练习名称：踏凳交换腿跳

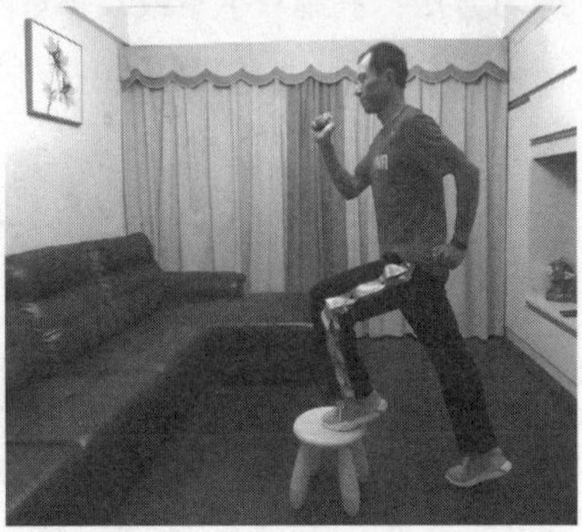

时间/组数： 60次/组×3组

练习方法： 面对一定高度的凳子，一脚站立地面，一脚踏凳，上体直立准备。练习时，利用下肢力量和手臂协调配合，连续快速做交换腿跳练习。每组间歇1分钟，注意抬腿高度和跳起速度。

4. 练习名称：俄罗斯转体

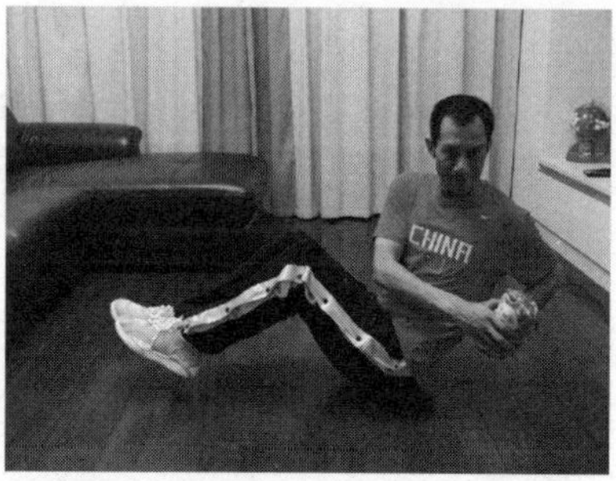

时间/组数： 30次/组×3组

练习方法： 坐立屈膝准备。练习时，下肢举腿腾空，双手持轻物在体侧做快速转体练习。每组间歇1分钟，注意维持身体平衡，脚不着地。

5. 练习名称：直臂举物半蹲

时间/组数： 30次/组×3组

练习方法： 直臂举矿泉水瓶或重物，两脚与肩稍宽站立准备。练习时，快速做屈膝半蹲和直膝站立动作。每组间歇1分钟。注意半蹲时大腿基本与地面平行，手臂伸直。

愉悦放松

6. 练习名称：拍打全身

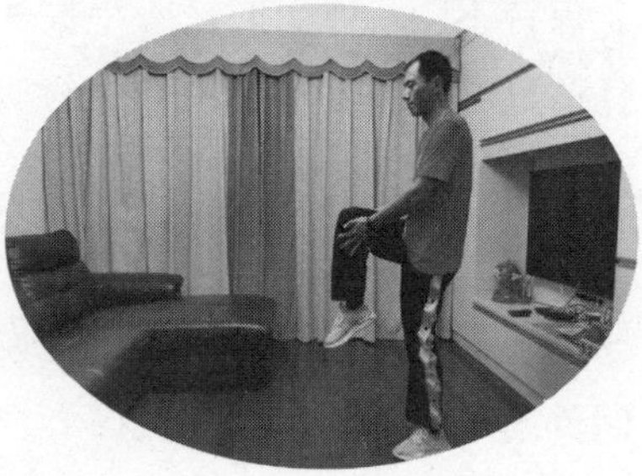

时间/组数： 2分钟

练习方法： 利用双手掌或双拳对四肢及身体各部分肌肉进行拍打放松。注意控制拍打力度。

拓展与提示

肌肉放松对速度的提高非常重要。肌肉放松，张弛有度，能够减少肌肉本身的内阻力，增大肌肉合力，使血液循环通畅。

第39课　个人灵敏练习（一）

学练目标

通过各种步伐移动练习，掌握灵敏素质练习的基本方法。发展下肢力量，提高身体协调性，促进灵敏素质的发展。养成良好的居家个人运动习惯，为形成自己的运动爱好和特长打下基础。

健康加油站

灵敏素质是人体在各种突然变换的条件下，快速、协调、敏捷、准确地完成动作的能力。灵敏素质的提高与发展在体育运动项目中极为重要哟！

居家运动课堂

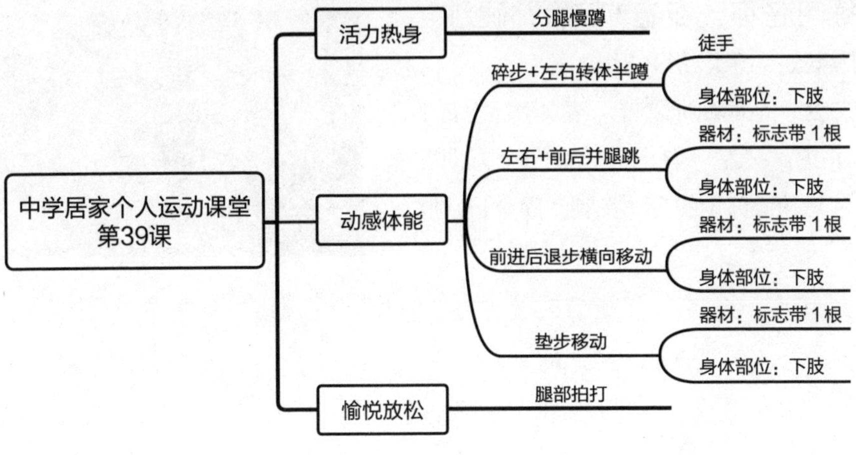

活力热身

1. 练习名称：分腿慢蹲

时间/组数：15个/组×3组

练习方法：两脚左右开立，原地慢速下蹲，双手合十握拳，然后还原成直立姿势，重复进行。注意身体核心部位的控制，间歇1分钟。

动感体能

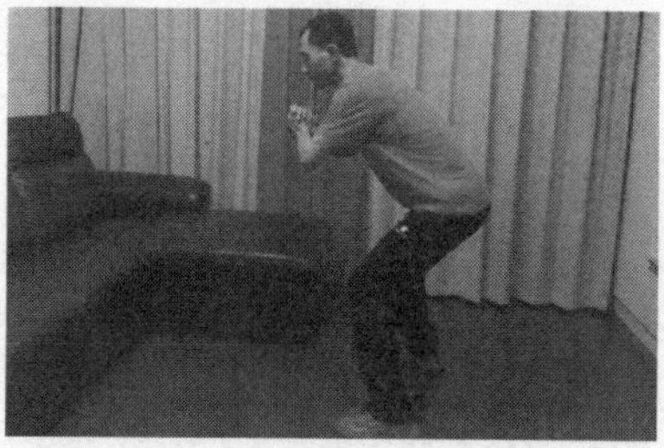

2. 练习名称：碎步+左右转体半蹲

时间/组数：20个/组×3组

练习方法：双脚开立，原地碎步快速移动8次后，迅速蹬地跳起，转体90度，呈分腿半蹲姿势，双手合十。左右交替进行，间歇1分钟。

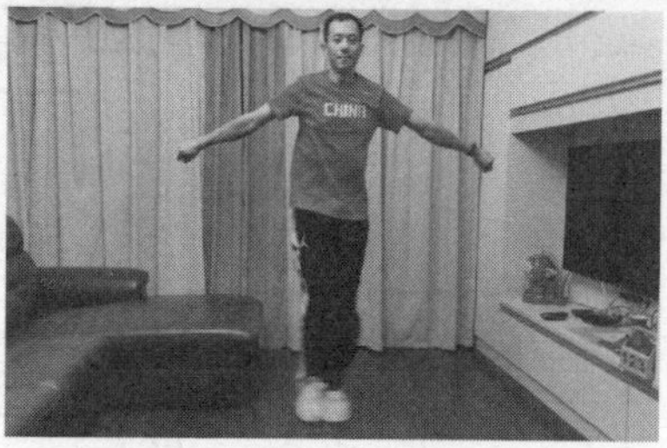

3. 练习名称：左右+前后并腿跳

时间/组数：15次/组×3组

练习方法：地面贴标志带，站立于标志带上，双脚并拢，按左、右、前、后四个方向并腿跳。注意核心部位的身体控制，间歇1分钟。

4. 练习名称：前进后退步横向移动

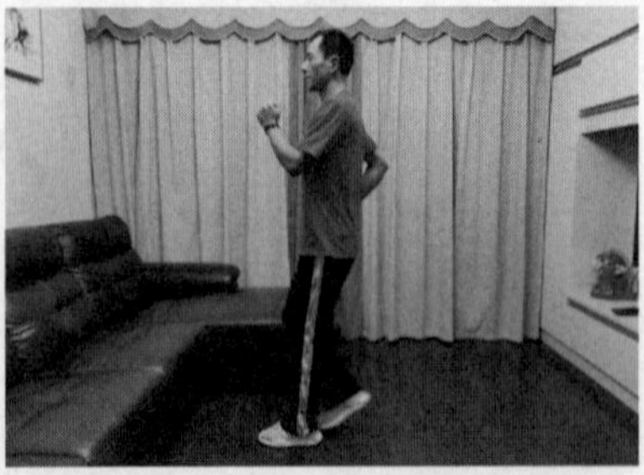

时间/组数：30次/组×3组

练习方法：地上贴标志带，面对标志带做前进、后退步伐移动，间歇1分钟。

5. 练习名称：垫步移动

时间/组数：30次×3组

练习方法：地上贴标志带，双脚站于标志带一侧，沿着标志带，用垫步做前进、后退步移动练习，间歇1分钟。

愉悦放松

6. 练习名称：腿部拍打

时间/组数：2分钟

练习方法：双腿分开，俯身拍打大小腿，力度由轻到重，注意呼吸配合调整。

拓展与提示

灵敏素质的各类练习，要求练习者在跑跳中迅速准确协调地做出各种动作。所以练习时先原地碎步移动再突然加速做练习。这样长期练习会事半功倍！

第40课 个人灵敏练习（二）

学练目标

通过各种方式的步伐练习，掌握个人灵敏素质的锻炼方法。发展下肢力量，提高身体协调性，促进灵敏素质的发展，培养乐观开朗、积极进取、勇于挑战的优良品质。

健康加油站

发展灵敏素质是提高运动能力的一个重要方面，在发展灵敏素质过程中要着重培养和提高练习者掌握动作的能力、反应能力、平衡能力、观察能力和节奏感等。

居家运动课堂

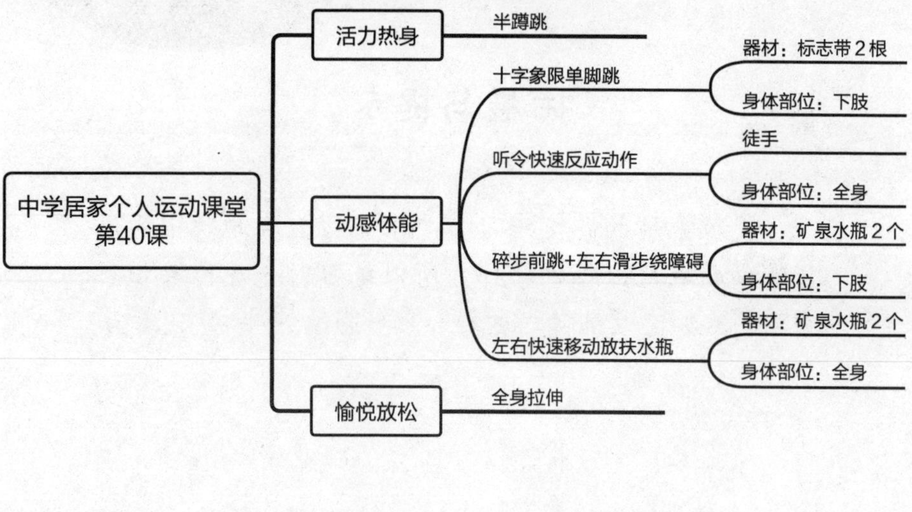

活力热身

1. 练习名称：半蹲跳

时间/组数：15个/组×3组

练习方法：两脚左右开立，原地慢速下蹲，双手合十握拳，然后快速蹬地起跳，空中分腿直立，落地还原成屈膝半蹲，重复进行。注意身体核心部位的控制，间歇1分钟。

动感体能

2. 练习名称：十字象限单脚跳

时间/组数：16次/组×5组

练习方法：用两根标志带拼成“十”字，沿着十字象限区域，顺时针、逆时针单脚跳各三圈，左右脚交替进行。间歇1分钟。

3. 练习名称：听令快速反应动作

时间/组数：4方向8次/组×5组

练习方法：原地快速碎步，听指令后，按照指令要求迅速完成动作。上、下、左、右四个方向快速反应和起动。左、右——迅速向左（右）滑步移重心单手触地。上——原地分腿起跳，双手上举。下——原地下蹲成俯撑。间歇1分钟。

4. 练习名称：碎步前跳+左右滑步绕障碍

时间/组数：12次/组×3组

练习方法：左右间隔2米摆放矿泉水瓶。原地快速碎步接双脚快速前跳，左右快速横向移动绕过障碍，间歇1分钟。

5. 练习名称：左右快速移动放扶水瓶

时间/组数：15次/组×3组

练习方法：左右快速并步移动，放倒一侧矿泉水瓶子后至另一侧放倒瓶子，相同路线完成两侧的立瓶动作，重复进行。间歇1分钟。

愉悦放松

6. 练习名称：全身拉伸

时间/组数：2分钟

练习方法：原地提膝收腿，一腿站立，上体前倾至水平位置，另一腿折叠，同侧手拉住脚背位置呈俯平衡姿态，控制身体三秒。

拓展与提示

本课练习，可采取逐渐增加复杂程度的练习方式，也可以通过改变条件、器材等方式增加技术动作的复杂性和难度。

第41课　个人灵敏练习（三）

学练目标

利用各种居家物品进行灵敏步伐练习，掌握个人灵敏素质的锻炼方法。发展下肢力量、灵敏、协调、柔韧等身体素质，培养乐观开朗、积极进取、勇于挑战的优良品质。

健康加油站

少年儿童的神经系统是人体发育最早、最快的系统，在进行灵敏素质的练习过程中应有足够的间歇时间，以保证身体得到充分休息，以备下次练习。

居家运动课堂

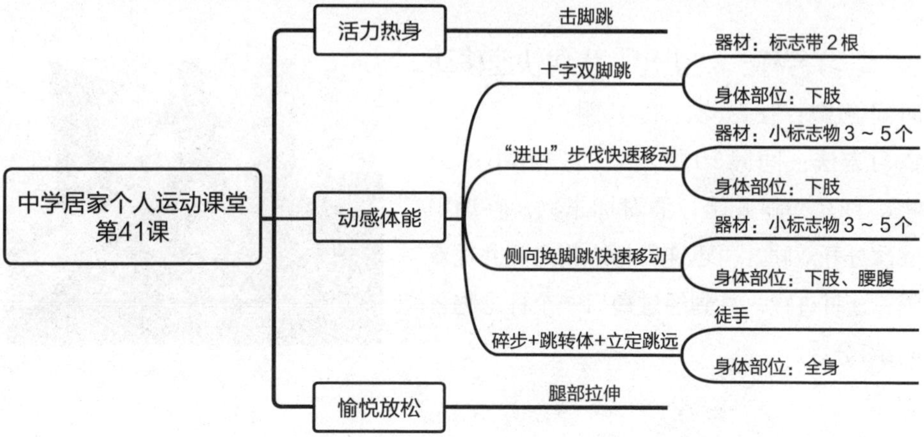

活力热身

1. 练习名称：击脚跳

时间/组数：4个8拍

练习方法：双脚开立原地同时起跳，一腿支撑，另一腿屈膝外展，向内向上摆小腿，异侧手触碰足弓部位，左右各重复一次。

动感体能

2. 练习名称：十字双脚跳

时间/组数：16次/组×3组

练习方法：地面贴上十字形标志带，并立于十字中心，按照前、左、后、右四个方向重复进行双脚并腿跳。间歇1分钟。

3. 练习名称：“进出”步伐快速移动

时间/组数：往返8次/组×3组

练习方法：间隔50厘米纵向摆放小标志物，直立并腿开始，面对标志物，移动中依次分开双腿，再迅速在标志物之间并拢双腿。连贯进行，直到经过最后一个标志物。间歇1分钟。

4. 练习名称：侧向换脚跳快速移动

时间/组数： 12个/组×3组

练习方法： 间隔50厘米纵向摆放小标志物，侧对标志物开始，双腿前后跳，腰部顺势摆动。在标志物内快速进行换脚跳练习。间歇1分钟。

5. 练习名称：碎步+跳转体+立定跳远

时间/组数： 15次/组×3组

练习方法： 原地碎步快速移动，180度跳转两次后立即接立定跳远。注意三个动作衔接快速，不停顿。间歇1分钟。

愉悦放松

6. 练习名称：腿部拉伸

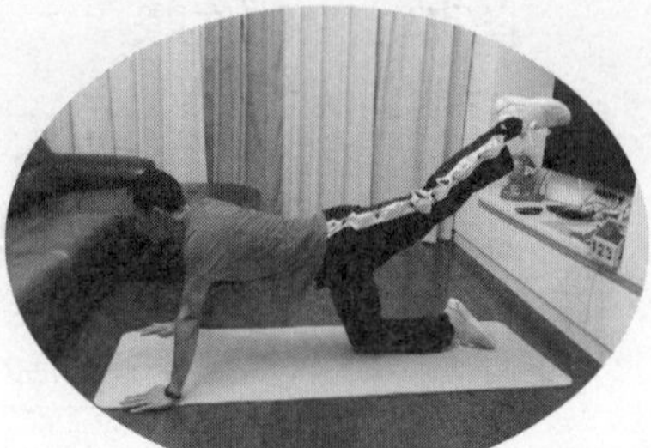

时间/组数： 2分钟

练习方法： 跪膝俯卧撑依次后摆腿，控制3秒，接俯撑拉长四肢、肩部各关节。

拓展与提示

本课练习强度较大，练习组数和时间可以根据自己体质状况适当调整。合理把控练习幅度与力度，每次练习注意动作衔接紧密，频率逐渐加快，幅度逐渐加大。

第42课 个人灵敏练习（四）

学练目标

运用小球等物品进行各种方式的灵敏素质练习，发展灵敏、协调、柔韧等身体素质。形成良好运动习惯，培养积极进取、勇于挑战的优良品质。

健康加油站

良好的身体灵敏性不但有助于更快、更多、更准确、更协调地掌握技术和练习方法，而且把方法有效地运用到实践中去，可以防止伤害事故的发生。

居家运动课堂

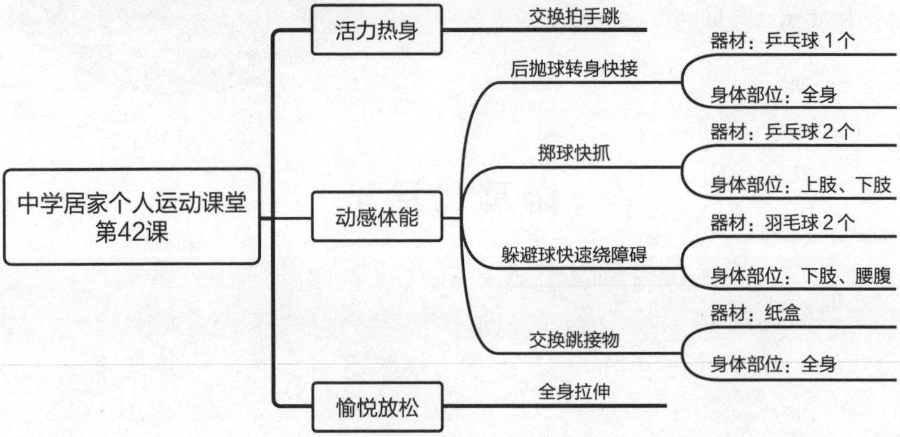

活力热身

1. 练习名称：交换拍手跳

时间/组数：8个8拍/组×3组

练习方法：提膝交换腿跳，同时双手依次胯下击掌、直臂前击掌、直臂后击掌，重复进行。间歇1分钟。

动感体能

2. 练习名称：后抛球转身快接

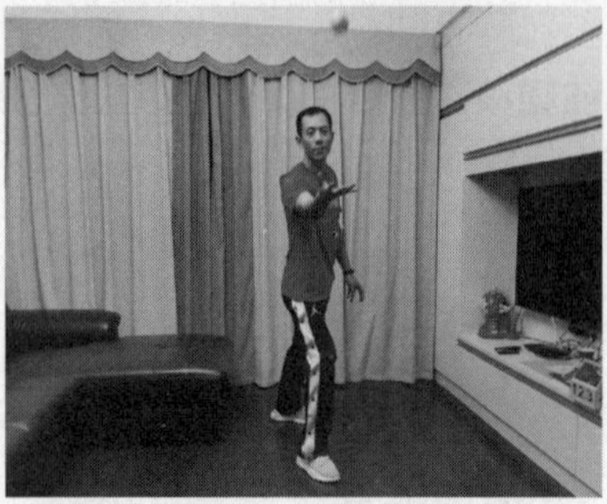

时间/组数：16次/组×5组

练习方法：手持乒乓球，背对行进方向。向后抛球，迅速蹬地转身，以最快速度接住乒乓球。球落地反弹次数不超过一次。间歇1分钟。

3. 练习名称：掷球快抓

时间/组数：左右8次/组×5组

练习方法：碎步移动，同时左右手各持一个乒乓球，左右两个方向随机掷出乒乓球砸向地面，练习者快速反应随机抓握砸地的反弹乒乓球。间歇1分钟。

4. 练习名称：躲避球快速绕障碍

时间/组数：往返12次/组×3组

练习方法：原地碎步移动，同伴左右手各持一个羽毛球，面对练习者随机掷出羽毛球。练习者快速反应躲闪对方抛来的球，随即横向移动绕过障碍物。间歇1分钟。

5. 练习名称：交换跳接物

时间/组数：15次/组×3组

练习方法：地面摆放一定高度的纸盒，双脚交换跳上纸盒。快速反应随时接住对方抛来的物品，然后快速传回对方，保持节奏，重复进行。间歇1分钟。

愉悦放松

6. 练习名称：全身拉伸

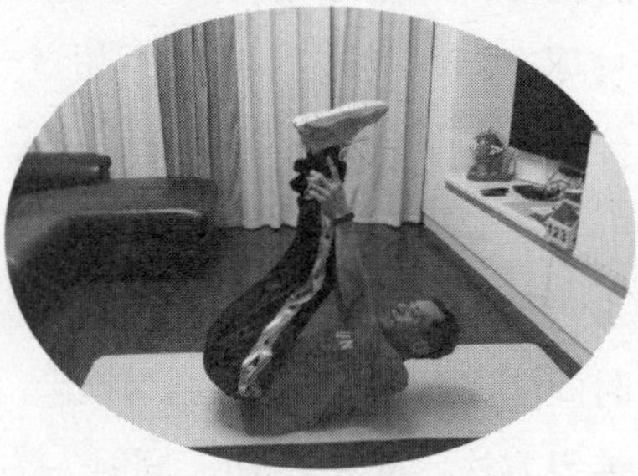

时间/组数：2分钟

练习方法：练习者躺垫上，抬起双腿抖动腿部，后接团身抱膝放松。

拓展与提示

本组练习要求在体力较好时进行，练习负荷强度要大，每次负荷持续时间不宜过长，重复次数也不宜太多，间歇时间要充分，以不产生疲劳为宜。

第43课　个人柔韧练习（一）

学练目标

通过各种方式的肩颈部拉伸练习，掌握多种柔韧性的练习方法，提高肌肉韧带的弹性、爆发力，降低运动损伤的发生。正确认识拉伸对于健康的重要性，养成良好的锻炼习惯。

健康加油站

为什么要拉伸？拉伸有利于身体放松、缓解疲劳，运动后的正确拉伸，还可以帮助我们增强锻炼效果，让我们拥有更强的肌肉力量。所以运动训练后，一定要好好拉伸放松！

居家运动课堂

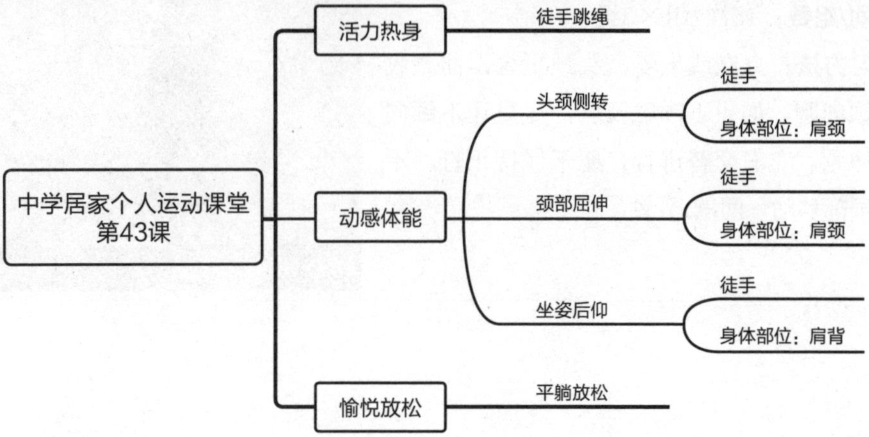

活力热身

1. 练习名称：徒手跳绳

时间/组数： 3分钟

练习方法： 徒手摇动手臂，双脚连续起跳和落地，做跳绳动作，弹跳的高度可以尽量高一点，让机体尽快提高热度活跃起来。

动感体能

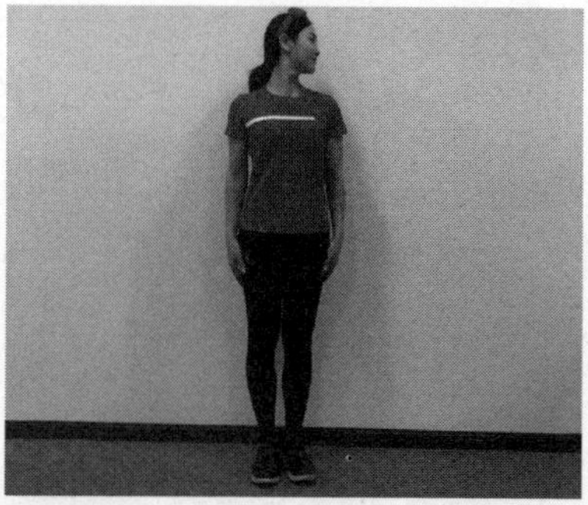

2. 练习名称：头颈侧转

时间/组数： 15次/组×3组

练习方法： 站立或坐姿，头颈正直，用力向心收缩，使头转向右侧。左右交替进行，躯干保持正直，不随颈部移动。间歇1分钟。

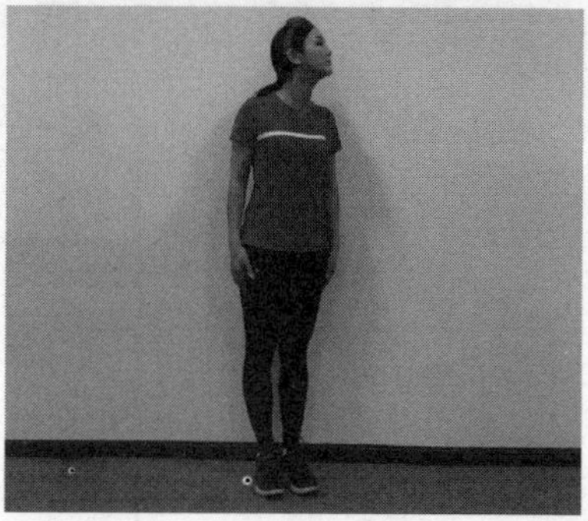

3. 练习名称：颈部屈伸

时间/组数： 15次/组×3组

练习方法： 直立或坐姿，头颈正直，曲颈收下颌向胸。如果下颌触及胸，尽量让下颌向下伸颈。左右交替进行，躯干保持正直，不随颈部移动。间歇1分钟。

4. 练习名称：坐姿后仰

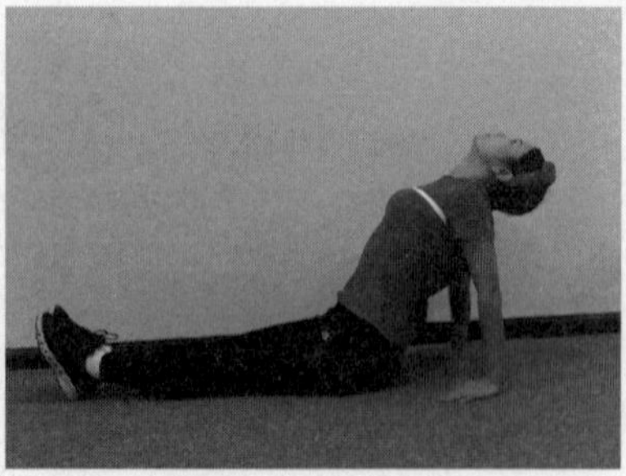

时间/组数：15次/组×3组

练习方法：双腿伸直坐立，双臂伸展，手掌于臀后30厘米处撑地，手指指向后方，双手向后慢速滑动，上体向后倾，同时躯干保持正直。间歇1分钟。

愉悦放松

5. 练习名称：平躺放松

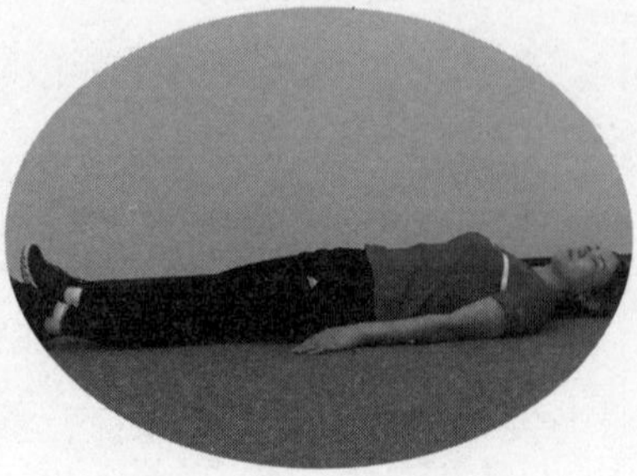

时间/组数：2分钟

练习方法：平躺在垫子上，身体放松。双手自然放在两侧，调整呼吸，收紧腹部。

拓展与提示

进行“弹振式”或“抖动式”的拉伸是误区，比如弯腰立体前屈反复向下触地，或者往前压腿时不断用手够脚尖。这貌似看起来很专业很到位，但是这种弹振式的拉伸却会使肌肉越来越紧，反而提高了受伤的风险。

第44课　个人柔韧练习（二）

学练目标

通过肩、背、胸等部位的拉伸练习，掌握多种柔韧性的练习方法，提高肌肉韧带的弹性，预防运动损伤。学会正确的呼吸方法，在练习中不断突破承受极限，培养坚强勇敢的意志力。

健康加油站

为什么要提高柔韧性？喜欢健身的同学懂得身体柔韧度的重要性，它可以增加肌肉运动幅度，使健身动作更加标准，从而有效提高锻炼效果。

居家运动课堂

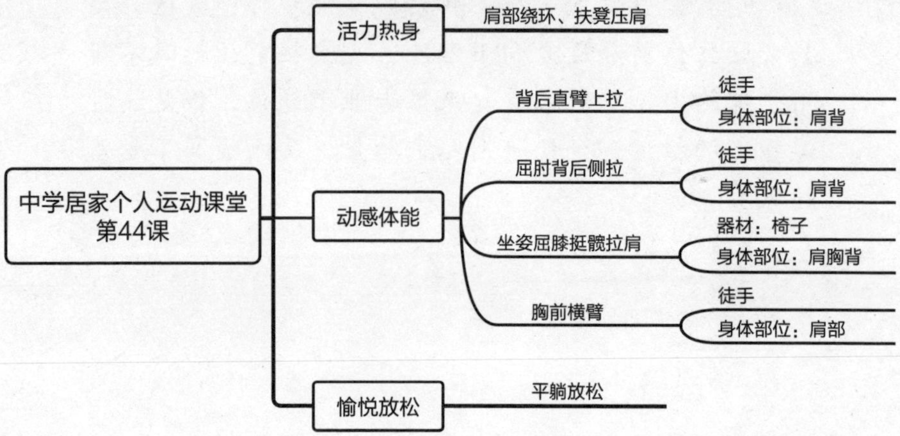

活力热身

1. 练习名称：肩部绕环、扶凳压肩

时间/组数：4个8拍/组×2组

练习方法：肩部绕环——上身正直，两臂下垂，让双肩后展，做以肩关节为中心的绕环动作。压肩——双手扶凳靠背，双脚左右分开，与肩同宽或稍宽，上体前伏，挺胸，塌腰，收髋，做下压振肩动作。间歇2～3分钟。

动感体能

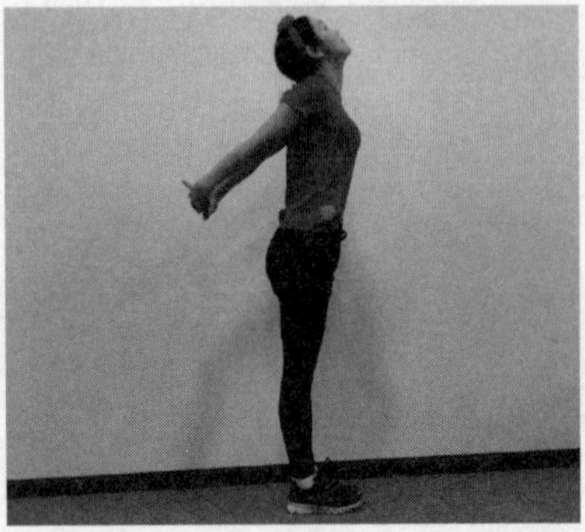

2. 练习名称：背后直臂上拉

时间/组数：30次/组×3组

练习方法：直立抬头，双臂置于背后，双手手指交叉，缓慢向上抬臂，保持肘关节伸直。保持头部、颈部放松，上体正直。间歇1分钟。

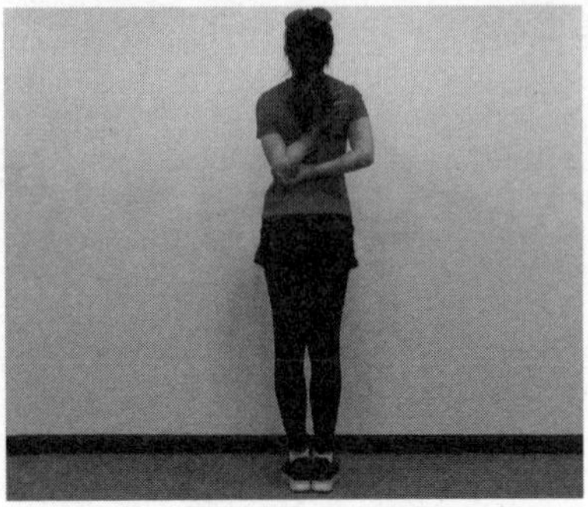

3. 练习名称：屈肘背后侧拉

时间/组数：15次/组×3组

练习方法：站立或坐于垫上，左臂屈肘90度放在背后，右手握住左肘，向右向上牵拉。右侧拉伸肌群与左侧相同。间歇1分钟。

4. 练习名称：坐姿屈膝挺髋拉肩

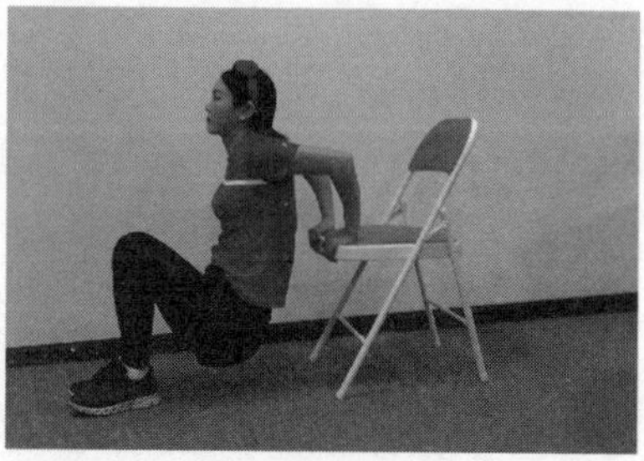

时间/组数：30次/组×3组

练习方法：背向双手扶椅子边缘，屈膝下蹲，双肩直臂后屈伸，屈膝挺髋。保持上体正直，间歇1分钟。

5. 练习名称：胸前横臂

时间/组数：30次/组×3组

练习方法：直立或坐姿，左肘微屈，横于胸前，肩水平内收，右手置于左上臂后面，右臂向右拉左臂。左右交替进行，躯干保持正直，不随动作发生旋转。间歇1分钟。

愉悦放松

6. 练习名称：平躺放松

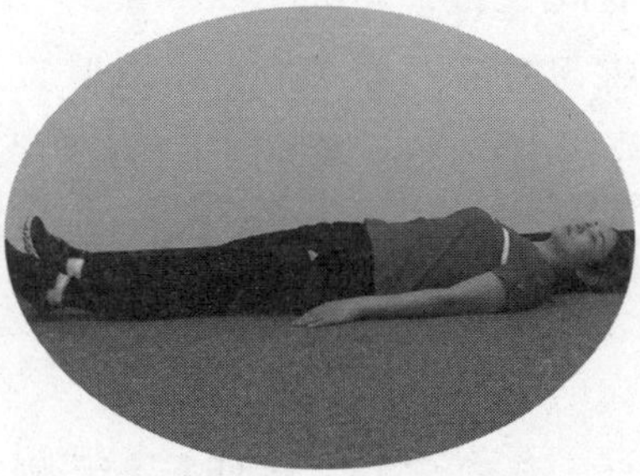

时间/组数：2分钟

练习方法：平躺在垫子上，身体放松。双手自然放在两侧，调整呼吸，收紧腹部。

拓展与提示

肩胛骨周围的肌肉在运动状态下，需要极强的力量与控制能力，平时的练习如果没有训练到肩胛骨的肌群，肩部损伤的风险就会增加。

第45课　个人柔韧练习（三）

学练目标

通过腰、背部的拉伸练习，掌握各种柔韧性的练习方法，提高肌肉、韧带的弹性，降低运动损伤的发生，提高安全意识，养成科学健身的习惯。

健康加油站

科学研究发现拉伸训练在改善动作执行幅度，提高技能和增长爆发力方面颇有价值。我们必须把拉伸练习视为一种独立的运动训练，而不是象征性地把它作为热身或者是整理活动。

居家运动课堂

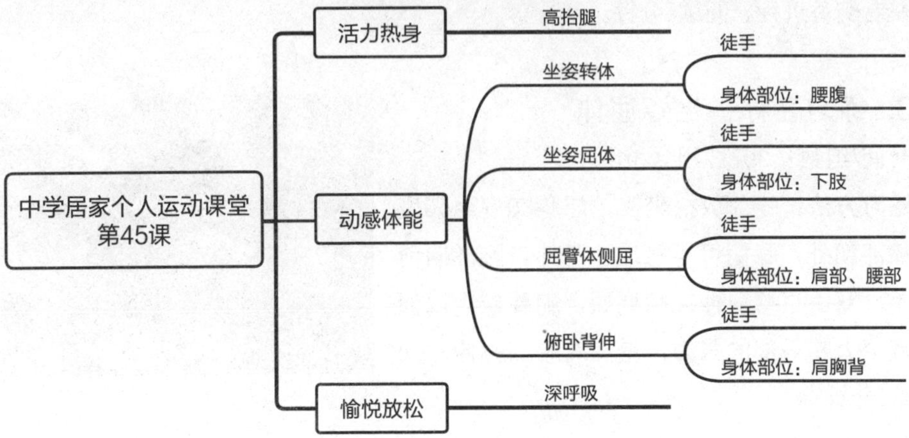

活力热身

1. 练习名称：高抬腿

时间/组数： 30秒/组×3组

练习方法： 保持上体正直，两腿交替快速抬高至水平。可以调整动作速度的快慢，和自己的呼吸节奏相一致。间歇30秒。

动感体能

2. 练习名称：坐姿转体

时间/组数： 10次/组×3组

练习方法： 双腿伸直，上体垂直坐立，将右脚放于左膝的左侧，将左肘的后部置于右膝右侧，此时右膝处于屈曲状。右掌撑地，置于臀后30～40厘米，左肘发力推动右膝向左，同时尽力向右转肩转头，尽量向背后看左右交替进行。间歇1分钟。

3. 练习名称：坐姿屈体

时间/组数： 30次/组×3组

练习方法： 腿部放松坐立，屈膝30度至50度膝部朝外，膝侧可不触地。身体自腰部向前靠，双手直臂前伸。膝要屈，腿要松，以便减少大腿后部的张力，增加对腰的拉伸。间歇1分钟。

4. 练习名称：屈臂体侧屈

时间/组数：15次/组×3组

练习方法：站立或跪姿，右肘屈，举过头顶右手向下触左肩。左手抓住右肘，在头后拉右肘左右交替进行。保持屈臂，向左或右屈体(腰部)。间歇1分钟。

5. 练习名称：俯卧背伸

时间/组数：15次/组×3组

练习方法：俯卧在垫子上，两手掌朝下，手指指向髋部前方，并且支撑躯干背伸。缓慢下腰，收臀，继续将手、头、胸脚抬离地面。间歇1分钟。

愉悦放松

6. 练习名称：深呼吸

时间/组数：2分钟

练习方法：双脚与肩同宽站立，深吸气时两臂正上举,同时提脚跟。深呼气时全身同时放松下蹲。

拓展与提示

为了取得最佳的训练效果，拉伸训练应从儿童或少年开始贯穿一生，合理的拉伸训练能减轻甚至延缓随着年龄增长带来的运动幅度下降。

第46课　个人柔韧练习（四）

学练目标

通过髋部拉伸练习，掌握各种髋部柔韧性的练习方法，提高核心部位肌肉韧带弹性、爆发力，加大关节活动范围，增强核心部位的稳定性。

健康加油站

在进行拉伸时，许多人都会屏住呼吸，这使肌肉更加紧张，降低了拉伸练习的效果。因此，在拉伸时我们一定要注意保持流畅的呼吸。

居家运动课堂

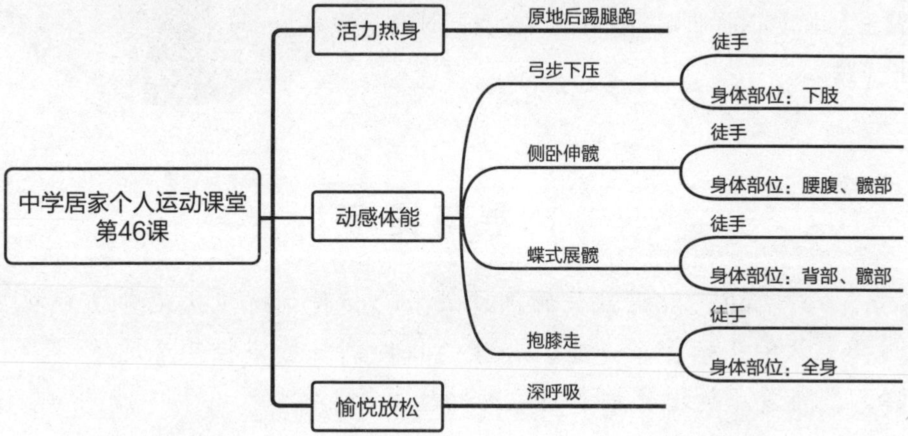

活力热身

1. 练习名称：原地后踢腿跑

时间/组数： 25次/组×2组

练习方法： 保持上体正直，跑步时脚往后勾，尽量使脚跟碰到臀部，速度越快强度越大。间歇10秒。

动感体能

2. 练习名称：弓步下压

时间/组数： 30次/组×3组

练习方法： 右脚向前跨大步，全脚掌着地，屈膝直到膝关节与踝关节垂直；保持后腿伸直，后脚与前脚指向相同方向，后脚跟可以离地；缓慢向前、向下移动髋关节。间歇1分钟。

3. 练习名称：侧卧伸髋

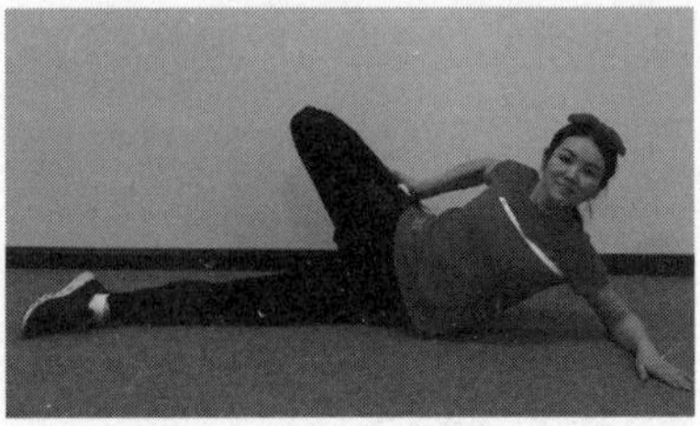

时间/组数： 20次/组×3组

练习方法： 向左侧卧，两腿伸直；左前臂撑地，大臂垂直地面；左前臂与躯干呈45度；弯曲右腿，脚跟靠向臀部；右手抓住右踝拉向臀部。间歇1分钟。

4. 练习名称：蝶式展髋

时间/组数：40次/组×3组

练习方法：上体垂直坐立，双腿屈膝，双脚脚底合拢，将双脚向身体方向拉动，双手置于双脚上，双肘置于同侧腿，双肘向下压，身体向前倾，使髋关节外展。缓慢、持续用力，下压时脚不得向前移动。间歇1分钟。

5. 练习名称：抱膝走

时间/组数：30次/组×3组

练习方法：呈站立姿势，左脚向前迈步，右腿屈膝抬起，并用双手抱住右膝贴近胸部，双手握住膝关节前方，双手用尽力量使膝关节靠近胸部，停顿片刻后，右脚着地，换左腿继续练习。间歇1分钟。

愉悦放松

6. 练习名称：深呼吸

时间/组数：2分钟

练习方法：双脚与肩同宽站立，深吸气时两臂正上举,同时提脚跟。深呼气时全身同时放松下蹲。

拓展与提示

你知道吗？在拉伸练习中采用瑜伽式呼吸，或者在呼气过程用嘴将气体主动用力呼出，能够使横膈处于放松状态，使人感到心神安定，得到放松。

第47课　个人耐力练习（一）

学练目标

通过各种方式的走、跑练习，发展个人耐力素质，提高身体协调性、灵敏性，促进心肺耐力素质的发展。享受居家运动乐趣，培养良好运动习惯。

健康加油站

“世界上所有的工作，干到最后都是拼精力。”提升心肺功能，提升健康体适能，助你精力满满的完成工作和享受生活。

居家运动课堂

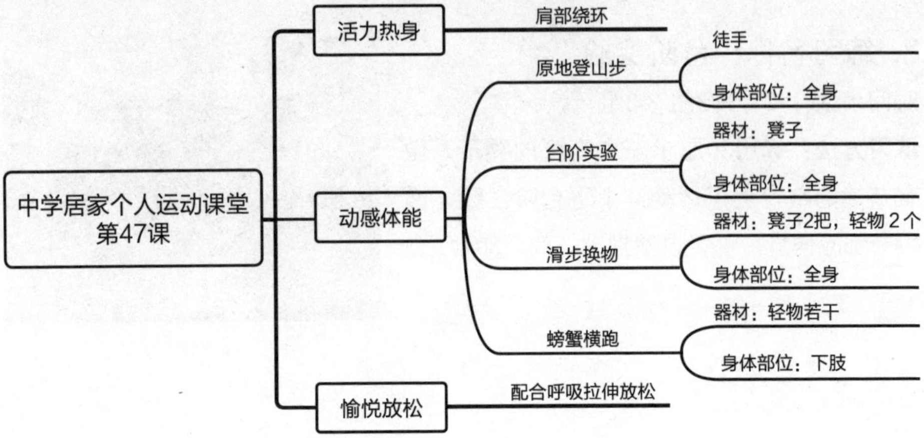

活力热身

1. 练习名称：肩部绕环

时间/组数：4个8拍/组×2组

练习方法：向前向后肩部绕环，屈臂肩膀向前先后做画圆动作，幅度越大越好。

动感体能

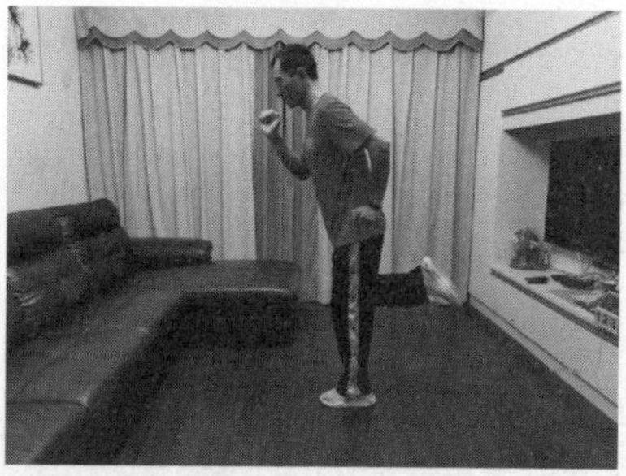

2. 练习名称：原地登山步

时间/组数：2分钟/组×3组

练习方法：两脚急速轮换，运用胯部摆动带动左右脚，当左脚用脚掌往下踩时右脚自然提起，反之亦然。注意手脚协调配合，左腿弯时右腿必直，右腿弯时左腿必直。间歇30秒。

3. 练习名称：台阶实验

时间/组数：2分钟/组×3组

练习方法：选用30厘米左右高度的凳子，做有节律的踏台上下运动。上下台阶，膝、髋关节都应伸直，手臂自然摆动。间歇30秒。

4. 练习名称：滑步换物

时间/组数：30局/组×3组

练习方法：将轻物相距2～3米放置于板凳上，降低重心，左右侧滑步依次交换拿放轻物，来回换完一次为一局，循环往复。滑步时注意两脚滑动离地不要太高，尽量平贴地面滑动，移动中身体不要有起伏，头部保持在一个水平面，重心稳定。间歇30秒。

5. 练习名称：螃蟹横跑

时间/组数：2分钟/组×3组

练习方法：将若干件轻物间隔1米放置于地面成行，左右来回跨过障碍快频低重心跑动2分钟即为1组。注意手臂自然摆动，不要踩到障碍物。间歇30秒。

愉悦放松

6. 练习名称：配合呼吸拉伸放松

时间/组数：3～5分钟

练习方法：缓慢伸展双臂，不要屏气，深深并缓慢的呼吸，将气息与运动相结合，并将注意力集中在放松整个身体上。

拓展与提示

本课以发展心肺耐力为主，需要持续性的大量肌肉活动。运动前可以测出自己的心跳，将运动强度控制在60%～85%，以达到改善最大耗氧量的最佳效果。

第48课　个人耐力练习（二）

学练目标

利用居家生活物品进行各种方式的力量耐力练习，发展上、下肢肌肉力量，提高耐力、力量、协调等身体素质，培养勇于挑战、克服困难的意志品质。

健康加油站

消灭“小肚腩”，“虐”出“马甲线”，打造强大核心区，凳子来助力！一张凳子，多个支撑动作，坚持这么练下去，好身材是迟早的事。

居家运动课堂

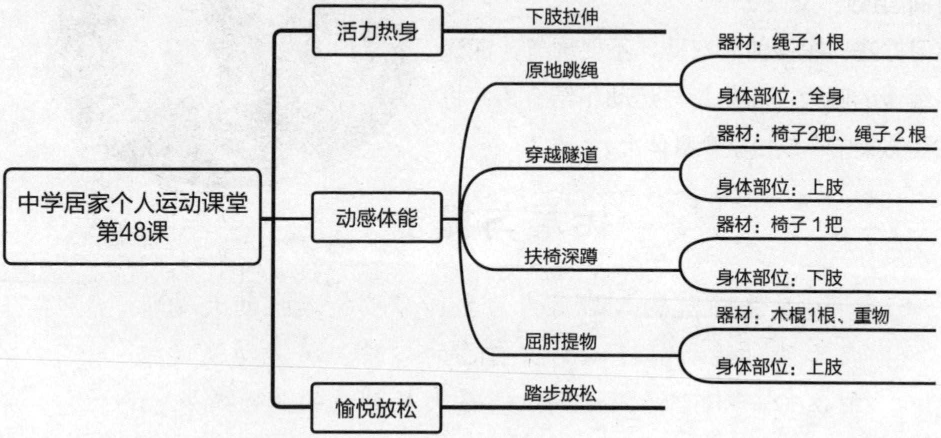

活力热身

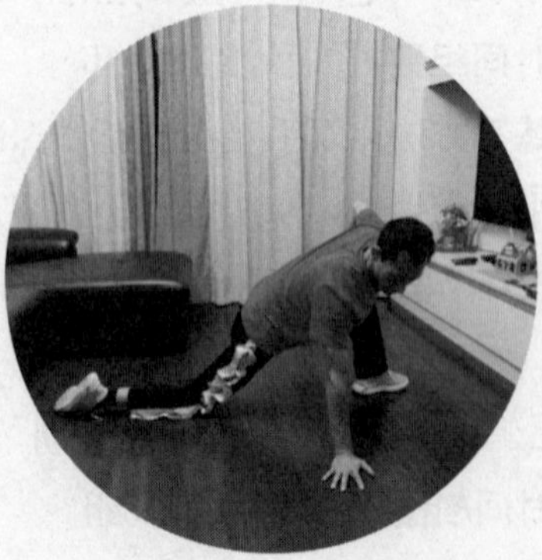

1. 练习名称：下肢拉伸

时间/组数： 4个8拍/组×2组

练习方法： 背部挺直，一侧大腿呈弓形下压，另一侧大腿绷直延伸。左右侧交替运动。以感觉到大腿内侧有拉扯感为宜。

动感体能

2. 练习名称：原地跳绳

时间/组数： 1分钟/组×3组

练习方法： 双手腕摇绳，手脚协调配合，向上跳起3～5厘米，速度控制在每组140～150个。切记前脚掌起跳和落地，落地时屈膝缓冲。间歇30秒。

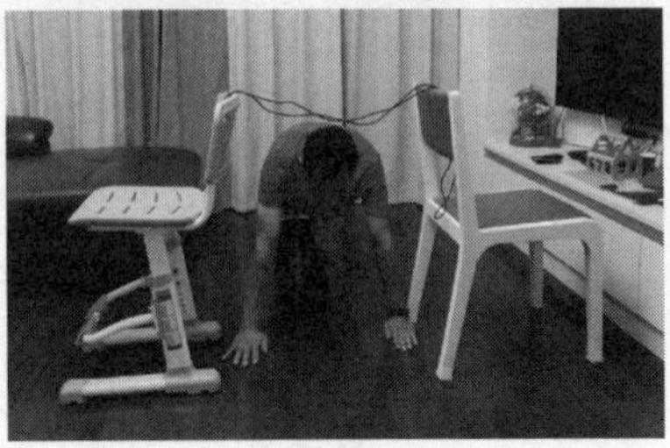

3. 练习名称：穿越隧道

时间/组数： 2米/组×3组

练习方法： 选用50厘米左右高度的椅子两把，跳绳2根，“搭建”两个隧道口（距离约2米），俯卧撑开始，通过手臂移动穿过“隧道”。要求身体平行于地面。间歇30秒。

4. 练习名称：扶椅深蹲

时间组数：30秒/组×3组

练习方法：双手轻扶椅背做深蹲动作，大腿平行于地面，小腿垂直于大腿，保持呼吸顺畅，节奏稳定。间歇30秒。

5. 练习名称：屈肘提物

时间/组数：30秒/组×3组

练习方法：选用一根棍子，重物挂于棍上，双脚开立站，双肘弯曲，小臂平行于地面，双手提起重物（掌心向上）。间歇30秒。

愉悦放松

6. 练习名称：踏步放松

时间/组数：1分钟

练习方法：全身放松，两臂前后自然摆动，大腿带动小腿踏步，同时注意调整呼吸，让身心得到充分的放松。

拓展与提示

本课以练习肌肉力量为主，难度不大，但练习时要注意动作缓慢而稳定，用力时呼气，放松时吸气，并通过逐渐增加重量使肌肉的适应力逐渐增大。

第49课　个人耐力练习（三）

学练目标

通过各种方式的跑跳组合练习，增强下肢肌肉力量，提高协调、灵敏、耐力等身体素质。掌握居家科学锻炼方法，养成坚持锻炼的好习惯。

健康加油站

越努力越幸运，越运动越年轻。虽然“长生不老”的神话无法实现，但延缓衰老却实实在在能够成真。坚持锻炼可以让你拥有更好的精气神。

居家运动课堂

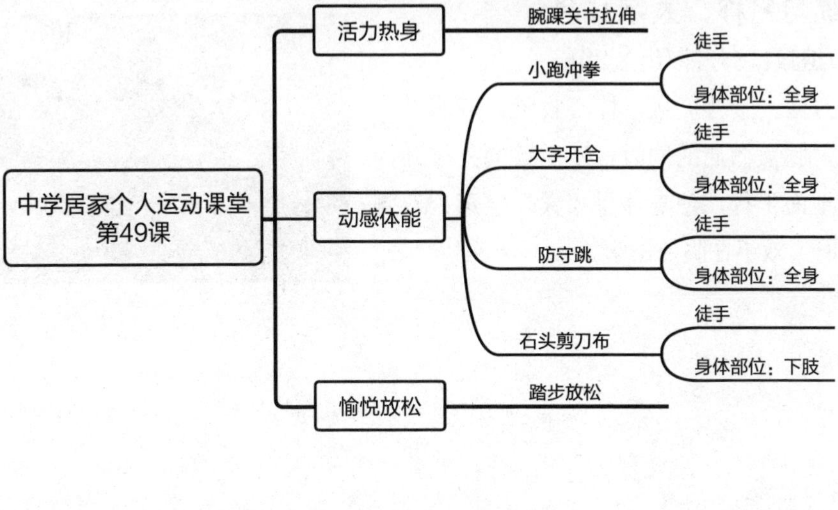

活力热身

1. 练习名称：腕踝关节拉伸

时间/组数： 4个8拍/组×2组

练习方法： 腕踝关节左右绕环，逐渐将关节活动开。间歇10秒。

动感体能

2. 练习名称：小跑冲拳

时间/组数： 3分钟/组×2组

练习方法： 向前跑动1个8拍后马步冲拳4次，再后退跑1个8拍后马步冲拳4次，循环往复。要求跑动轻松，冲拳有力。持续练习3分钟后踏步调整呼吸，再重复练习。

3. 练习名称：大字开合

时间/组数： 3分钟/组×2组

练习方法： 腰背挺直，核心收紧，双脚左右跳开，膝盖微屈的同时，双手臂向外展开，至与地面平行，使身体呈“大”字形，双脚跳回时，双手在胸前击掌。

4. 练习名称：防守跳

时间/组数：3分钟/组×2组

练习方法：双手臂向外展开至与地面平行的同时向左并步2次，最后一次双脚跳起，双手头上击掌。注意并步击打在空中完成。

5. 练习名称：石头剪刀布

时间/组数：3分钟/组×2组

练习方法：双脚并足跳4次后双脚左右跳开；双脚并足跳4次后双脚前后跳开。左右跳开为“布”，前后跳开为“剪刀”，原地跳为“石头”。

愉悦放松

6. 练习名称：踏步放松

时间/组数：1分钟

练习方法：全身放松，两臂前后自然摆动，大腿带动小腿踏步，同时注意调整呼吸，让身心得到充分的放松。

拓展与提示

本课以发展有氧耐力练习为主，强度低、有节奏、持续时间较长，但动作简单易学，不受场地器材限制。四组动作练习过程中无间歇，均采用踏步过渡。

第50课　个人耐力练习（四）

学练目标

通过各种方式的跑跳练习，发展全身力量，提高无氧耐力素质，有效增加肺活量，养成良好的居家个人运动习惯，不断突破自己，享受运动的乐趣。

健康加油站

生命在于运动，运动贵在坚持！只要你愿意，不去健身房、体育馆，一样可以居家健身打卡。告别“葛优躺”，消灭“拜拜肉”，你实施了吗？

居家运动课堂

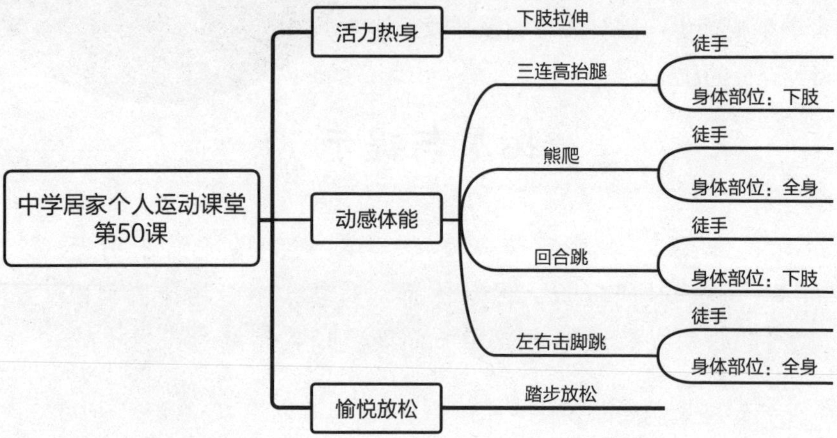

活力热身

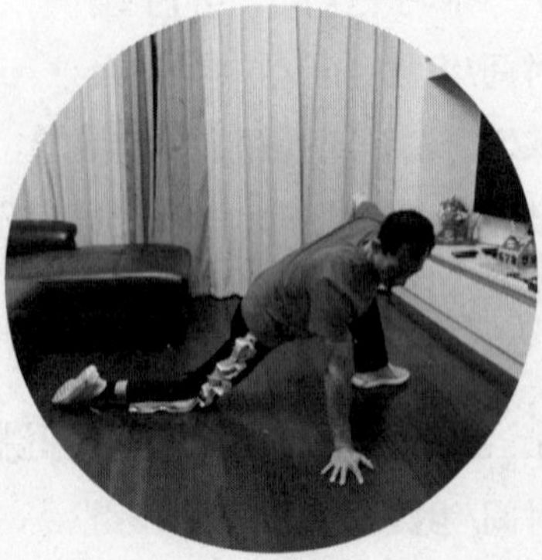

1. 练习名称：下肢拉伸

时间/组数： 4个8拍/组×2组

练习方法： 一侧大腿呈弓形下压，另一侧大腿绷直延伸进行下肢拉伸。左右腿交替运动。以感觉到大腿内侧有拉扯感为宜。

动感体能

2. 练习名称：三连高抬腿

时间/组数： 60秒/组×3组

练习方法： 身体保持正直绷紧状态，大腿高抬至与地面平行，节奏左右左、右左右。间歇30秒。

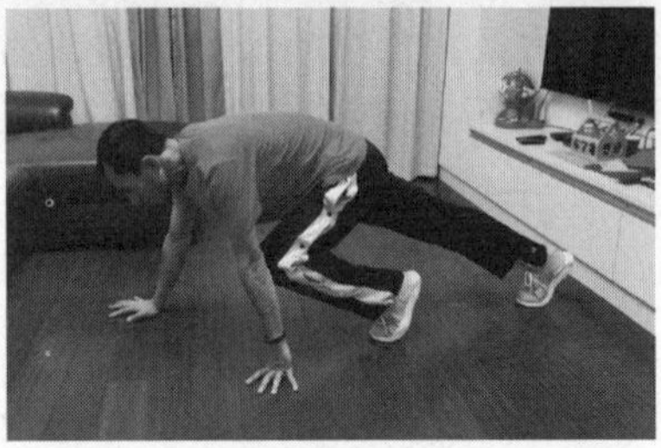

3. 练习名称：熊爬

时间/组数： 60秒/组×3组

练习方法： 双手双脚撑于地面爬行，双膝不跪地，前进时以侧边手脚作移动（右手左脚），建议保持手脚协调，一步一步移动。间歇30秒。

4. 练习名称：回合跳

时间/组数：60秒/组×3组

练习方法：双脚并足向前跳起，空中跳转180度后轻落于地面，再跳转180度回起跳处，依次循环往复。间歇30秒。

5. 练习名称：左右击脚跳

时间/组数：60秒/组×3组

练习方法：右脚垫步，右手拍击盘起的左脚；左脚垫步，左手拍击盘起的右脚。也可体前背后依次进行。间歇30秒。

愉悦放松

6. 练习名称：踏步放松

时间/组数：1分钟

练习方法：全身放松，两臂前后自然摆动，大腿带动小腿踏步，同时注意调整呼吸，让身心得到充分的放松。

拓展与提示

本课以发展肌肉无氧耐力练习为主，无氧耐力训练的时候，因为强度高，时间长，过程辛苦，因此能有效地锻炼我们克服肌肉疲劳感的意志品质。一定要坚持练习哟！

(鄂)新登字 02 号

图书在版编目(CIP)数据

居家运动课堂 100 例/顾静主编.
—武汉:湖北教育出版社,2021.3
(荆楚名师系列丛书)

ISBN 978-7-5564-4081-8

Ⅰ.①居…
Ⅱ.①顾…
Ⅲ.①体育锻炼-青少年读物
Ⅳ.①G806-49

中国版本图书馆 CIP 数据核字(2021)第 036011 号

居家运动课堂 100 例 JUJIA YUNDONG KETANG 100 LI

总 策 划	方 平		
责任编辑	吴丽娜 贾 培 侯 默 刘文军	责任校对	王艳波
封面设计	牛 红	责任督印	张遇春

出版发行	长江出版传媒	430070 武汉市雄楚大道 268 号
	湖北教育出版社	430070 武汉市雄楚大道 268 号

经　　销 新 华 书 店
网　　址 http://www.hbedup.com
印　　刷 湖北恒泰印务有限公司
地　　址 武汉市江夏庙山开发区汤逊湖工业园
开　　本 710mm×1000mm 1/16
印　　张 20
字　　数 260 千字
版　　次 2021 年 3 月第 1 版
印　　次 2021 年 3 月第 1 次印刷
书　　号 ISBN 978-7-5564-4081-8
定　　价 68.00 元